ヤマケイ文庫

山小屋ごはん

Matsumoto Rie

松本理恵

Yamakei Library

本書は、『ヤマケイJOY』（小社）に２００４年春号から２００６年冬号で連載された「山小屋ごはん」を一冊にまとめた書籍を文庫化したものです。

単行本：『山小屋ごはん』（小社）２００８年3月

本書の内容、登場人物、年齢、年代の表記、メニュー写真などは、原則取材当時のままとしました。現在は販売されていないもの、実際のものと異なるものもあります。現況については、文末のデータを参照ください（２０１７年10月現在）。

目次

志賀高原・四十八池湿原

車で行けちゃう。あした行けちゃう。

ちょっと歩くのは苦手な人も、車かロープウェーで
らくらく「山小屋ごはん」♪
おなかいっぱいになったら、周辺の散策もよし。
足もとから新しい世界が広がるよ。

霧ヶ峰

鷲が峰ひゅって
特製インドカリー

シンプルでいさぎよいカレーと
極上のフレンチを味わい
ゆったりとした余韻にひたる。

山岳古書が並ぶ美しい本棚

チキンがのった特製インドカリー。ルーはさらっとしているけれど、奥深い味に感動

ご主人・田口さん
の手によって改
築された鷲が峰
ひゅってのロビー

「ここはいわゆる山小屋とは少し違うんじゃないかなあ」と鷲《わし》が峰《みね》ひゅってのご主人・田口 信《まこと》さんは笑う。

霧《きり》ヶ峰《みね》にある「鷲が峰ひゅって」。目の前に広がる八島《やしま》ヶ原《はら》湿原は、春から夏は亜高山植物が咲き、秋は湿原の草紅葉《くさもみじ》、そして冬にはスノーシューとクロスカントリースキーなど四季を通じて散策が楽しめる。だから、「ここに泊まるお客様は、登山者というよりはハイカーが多いんですよ」。そう言って、田口さんはふつうの山小屋との違いを説明する。しかし、違いはそれだけにあらず。

散策を楽しんだ宿泊者がここでいただくカレーライス。これが鷲が峰ひゅっての昼食メニューである。正しくは特製インドカリー。コーヒーとデザートがついたセットもあるけれど、メニューには特製インドカリーのみ。「以前はほかの食事もやっていたんですが、夕食の準備やら忙しいのでこれだけにしました」。しかもそれは宿泊者のためのお昼ごはんなのだが、タイミングが合えば日帰りハイカーも食べられるというので、ひと安心。

昼食もさることながら、宿泊客は夕食のコースで出されるフランス料理を楽しみ

温かいものは温かいうちに。これもおいしさへのこだわりのひとつ

ビーナスラインからすぐ。赤い屋根が目印です

テーブルに置かれたメニュー表にも、田口さんのこだわりを感じる

にここへやってくる。だから客室は5部屋のみ。これもふつうの山小屋とは違うところである。「では作りますか」と言って、田口さんは着ていたフリースから白のコック服に着替えた。

ビーナスラインの道路脇に「鷲が峰ひゅって」と書かれた茶色い手作りの看板が目印。その先に黒く塗られた外壁の建物が見える。門から玄関まで敷き詰められたレンガに迎えられて建物の中に入れば、薪ストーブを囲むように木のイスやベンチ、テーブルが置かれてあり、明るい空間にほっとする。

その昔、鷲が峰ひゅっては下諏訪《しもすわ》にある温泉旅館の別館として存在した。それが28年前に田口さんの手に渡り、「古い建物だったのを自分で改築していったんです。思いつきで増改築を繰り返したから、へんな構造になっていますけど」。

満足する形に近づけたいから完成はいつになるのか、それは田口さんにもわからないと言う。まるでガウディのサグラダファミリア教会。

「思い立つと夜中でも直しはじめたりするんですよ」。いつまでも完成しないことを望んでいるような口振りだった。

さらに山小屋を引き継いだのと同時に田口さんはフランス料理を学びはじめる。週末は霧ヶ峰で山小屋を、平日は東京の憧れのフランス料理店でアルバイトをしながら料理を学んだ5年間の日々。特製インドカリーもこの時に覚えたものだ。

どうしてフランス料理だったのですかと尋ねると、「フランス料理を作れるひとになりたい、そう思ったから」とだけ答えた。和食や中華でもない、フランス料理というところが田口さんらしく、この小屋に合っている。そして白いコック服も。それが田口さんの考える山小屋の形なのだろうと思った。

厨房からはカレーの匂いがふんわりと漂ってきた。食堂は午後の日ざしがたっぷりと注いで、ひときわ明るい。一枚板の大きなテーブルの上には、白いクロスとナイフ、フォーク、スプーン。水用のゴブレットと銀のナプキンケースが据えられている。カレーライスにナイフとフォーク？

そこに特製インドカリーが運ばれてきた。平たく盛られたごはんの上にゴロンと鶏肉がふたつ。ナイフとフォークはこのためにあったのだ。とろみのない、さらっとしたルーのようだ。

ともあれ、見た目はいたってシンプルなチキンカレーなのだが……。

「今まで食べたカレーとは、ちょっと違うと思いますよ」

インドカリーだから、香辛料とか、特別な隠し味を使っているのだろうか。

「玉ねぎをとにかく炒めて、トリガラのスープとカレー粉だけです。小麦粉を使っていないのが特徴かな」

昼食のカレーといってもやはりひと手間かかっている。とにかく温かいうちにどうぞ、とすすめられるままにひとくち食べた。ん？　もうひとくち。インドなのにそれほどスパイシーでもなくまろやかで、たしかに今までに食べたことのない味だった。あと味がいいカレーとでもいおうか。鶏肉以外に具が入ってないのもシンプルで潔かった。

食後のデザートは温かいバナナのケーキとコーヒー。カレーだけでもかなり満足度が高い。「最後のデザートとコーヒーを飲んだあとのひとときまでも楽しめるような食事が理想ですね」の言葉どおり、ゆったりとした余韻に包まれていた。

食後は、その余韻を楽しむように壁一面の「山岳古書館」並みにある古い本を読んだり、湿原の散策や、もちろん山歩きも楽しめる。すぐそばの鷲ヶ峰は1時間足らずで山頂に着く手軽な山だった。北アルプスや八《やつ》ヶ岳が一望でき、ただただ広い八島ヶ原湿原が眼下に広がる。

「日本離れした景色でしょ」と田口さんが表現する霧ヶ峰は、ほかの山とは違う景色と雰囲気をもち合わせている。

「ここに泊まってもいいいな」とカメラマンの寺澤さんはつぶやいた。それもいいですね。いわゆる山小屋とは少し違うけれど、こういう山の過ごし方だって、あってもいい。それにカレーを食べたあとだけに、夕食への期待も高まるというもの。次は花の咲く時期に来るのもいいな。そして、ナイフとフォークを使った山小屋ごはんを食べに。

鷲が峰ひゅって

ＴＥＬ　０２６６-５８-８０８８

営業期間　通年

宿泊料金　１泊２食つき１万２８００円～　素泊まり８０００円（税別、サービス料込み、暖房費別）

アクセス　ＪＲ中央本線上諏訪駅からアルピコ交通バスで約47分、八島湿原下車。または上諏訪駅から同バスで約30分、霧ヶ峰インターチェンジで乗り換え約９分、八島湿原下車、徒歩５分。霧ヶ峰インターチェンジからは徒歩約１時間。

※インドカリーは１７２８円、11時30分～12時30分の間で要予約。

西六甲　高取山

清水茶屋

自家製ドーナツ

ドーナツ、おでん、うどんにビール、
山のてっぺんまでは誘惑がいっぱい。
「山よりだんご」の六甲の茶屋めぐり。

ネコも茶屋の前でひなたぼっこ。
のんびりお散歩ハイクへ

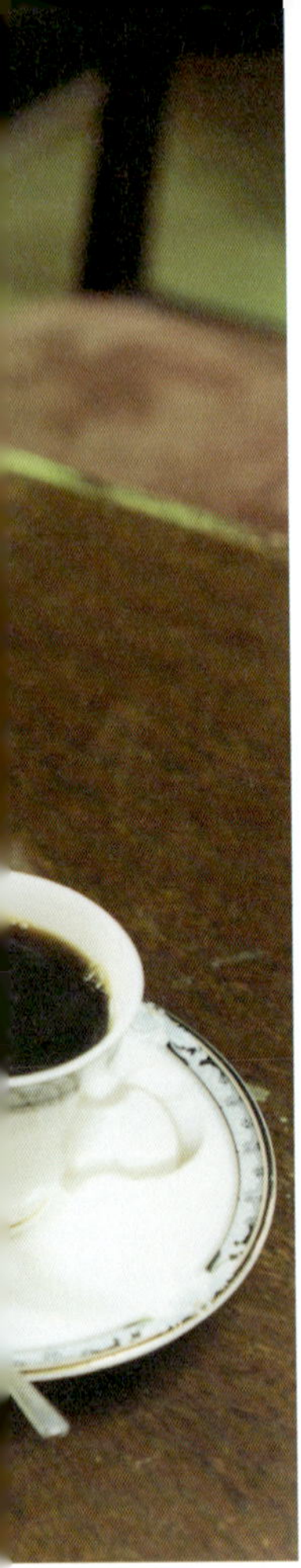

清水茶屋のドーナツはほんのり甘いママの味。コーヒーとともにどうぞ

山陽《さんよう》電鉄の西代《にしだい》駅を出ると、休日の小学校の校庭にはゲートボールを楽しむおじいちゃんとおばあちゃんたちの姿があった。金網ごしに眺めていると奥に山が見える。高取《たかとり》山、標高328m。さっさと歩けば30分ほどで頂上に立ててしまう山なのだが、さっさと歩けるかどうか。

住宅街が途切れたところにある小さい神社が高取山登山口で、登るとすぐに茶屋があった。うどんやそば、おでんなどの軽食を出す登山者憩いの場の茶屋。六甲《ろっこう》全体には茶屋が多い。この高取山には、5軒もの茶屋が密集しているのである。

お腹が空いたので、朝ごはんにと清水《しみず》茶屋へ入った。ずらっと並ぶ椅子やテーブルに目がいく。茶屋というよりまるで喫茶店のようだ。「これは、喫茶店をやめるところからもらったんです」と清水茶屋の奥さん・藤井典子《みちこ》さん。やはり。

立派な椅子に腰をかけてメニューを見ると、「定食」というのがあった。これは紅茶とトーストのセットメニューだった。自家製ドーナツというのもある。「昭和33年に嫁いできたときには、もうお義母さんが作っていました。そのあと35年から私が受け継いで作ってます」というのだから、かなり年季が入っている。おまけに自家製という言葉にめっぽう弱い。決めた。ドーナツとコーヒーで朝ごはんにしよう。

この清水茶屋は昭和8年に開業。翌年には現在2代目のご主人・藤井良一さんが誕生して以来、茶屋を営んでいる。

「昔はたくさんお茶屋さんがあって、うちの下にもありました」

そして、現在残ったのは5軒。それにしてもなんでこんなに茶屋が多いのだろう。関西の人はお茶好きなのかしらん。

そこに「ビール1本ね。それとおでん。よう染みてる?」とおばちゃん3人組がにぎやかに入ってきた。「上まで登ってきたから、ノド渇いた!」と言いながらビールをゴクゴク。毎日登っているんですかと尋ねると、首をブルブル振って「久しぶりやねん。でもここにはよう来るな」と言いながら、運ばれてきたおでんをなかよく分けあう。なんだかいいな。

こちらにもドーナツが運ばれてきた。ぷっくりと膨らんだ輪っかに、砂糖がたっぷりかかっている。さっくりとした生地で、牛乳のほんのりとした甘みが口いっぱいに広がる。奥さんに作り方を聞いてみると、「特別なものはなんにも使ってませんよ。季節によって粉の分量を変えるくらい」。失礼ながら、ドーナツの素かなに

清水茶屋には投輪（とうりん）場があり、「高清愛輪会」が活動中

閉店した喫茶店からもらってきたという立派な椅子とテーブルが並ぶ清水茶屋

か使っているのかと思っていたら、粉と卵、牛乳などで昔からのレシピどおりに作っているのだという。

指についた砂糖もなめちゃおうっと。もっと食べたい気もするけど、まだ山にも登ってないし……と思ったら、おみやげもありました。「ママドーナツ」と書かれたラベルが貼られている。「それ、孫が作ってくれたんですよ」と奥さんは恥ずかしそうに笑った。

おみやげを買って、気分よく高取山の山頂へ登りだす。背負子でパンを運ぶおじさんを追い越しながら、山頂まで行くのですかと尋ねると、「行かん、行かん。すぐそこまで」と指さしたところは中の茶屋。安井茶屋では野球帽かぶった少年たちとおじさん一行で満席だ。月見茶屋はジャージのおじさんたちがおでんをつつく。茶屋によって雰囲気いろいろ、客層さまざま。5軒もあるから、その日の気分で決めて登るのも楽しいだろうな。

山頂に到着した。海が見える。神戸の街も見える。街と海と山があまりにも近い。道の途中に「毎日登山の方はお静かに」と書かれた看板を発見した。みんな山を身近に感じているのだ。地元に愛されている山、六甲、そして高取山。

お昼は潮見茶屋のおでんで。関西ではおでんを関東煮（かんとだき）ともいう

さて、山頂の神社にもお参りしたし、ノドも渇いたし。帰りの昼ごはんは、どこの茶屋にしようかな。

ビールとおでんで乾杯！

清水茶屋
TEL　078・611・5583
営業期間　通年　6時～10時　土・休日6時～15時　木曜休業
アクセス　山陽電鉄西代駅から徒歩約1時間。

※現在、ドーナツは販売していない。
コーヒーとトーストセット400円、缶ビール350円など。

高取山の山頂からの眺め。毎日登山できる環境はほんとうらやましい

［志賀高原　横手山］

横手山頂ヒュッテ

きのこ雲スープ

あったかシチューで、ホクホク。
おやつに、焼きたてパンを買って、
お花いっぱい池めぐり。

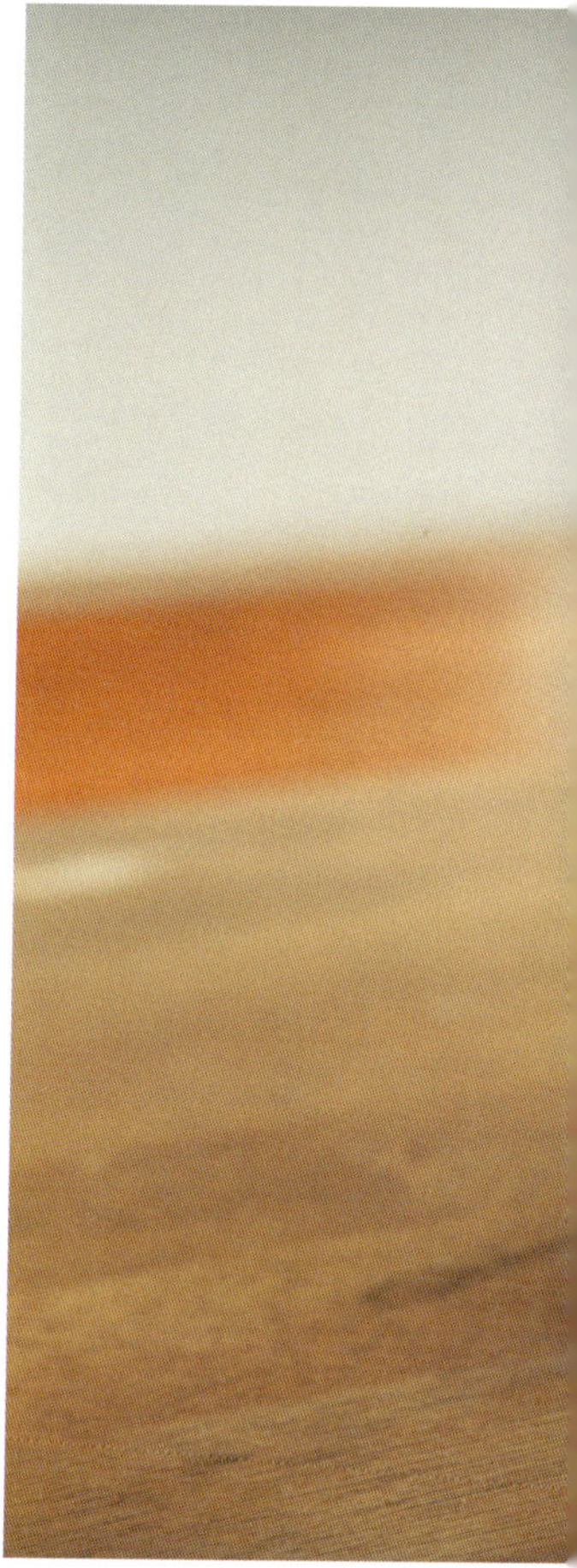

カップの上を覆っているのはパンで作った「きのこ雲」。こんがりいい色、おいしそう

食欲の秋。味覚の秋。秋の山の幸といえば、やはりキノコでしょうか。山でキノコ狩りも憧れるけれど、知識のない素人がうっかり手を出せば痛い目にあう。

けれど心は（お腹は）すっかりキノコ。キノコノコノコノコ……と探していたら、「きのこ雲スープ」というのを発見した。場所は志賀《しが》高原の横手山頂《よこてさんちょう》ヒュッテ。キノコとはいっても、パンでできたキノコだから、これなら素人でも安心して食べられますね。

横手山頂ヒュッテの中に入るとすぐに広い食堂になっている。今は朝の9時ごろ。お客さんもまだいなくて、がらんとしている。食堂の柱に、お目当てのきのこ雲スープのメニュー写真が飾ってあるのを見つけた。それは、カップの上を蓋するようにパンがかぶさったもので、パンはこんがりときつね色、ぷうっと膨らんだ形はキノコの笠のよう。きのこ雲スープというのだから、あのパンをちぎると中にはあったかいスープが入っているのだろう。ホカホカと湯気立つキノコ。おいしそう。スープとパンのセットメニューのほかには「ボルシチ」や「ジャンボドッグ」「チリコンセット」などのメニューが並ぶ。

くるくるくるくる。パン生地を両手でうまくまとめる妙子さん

オーブンの中のパンはこんがりとおいしそうに焼けています

使いこまれた器具が並ぶ厨房の調理台。なつかしい分銅を発見！

作っては焼いて、また作って……。もくもくと作業が続きます

さらに、カウンターの一角には小さなパン売り場があった。この山小屋は手作りのパンが買える、別名「雲の上のパン屋さん」でもあったのです。

「雲の上のパン屋さん」の店主は、この小屋の奥さま・高相妙子《たかそうたえこ》さん。妙子さんは開店の準備を始めているところだった。赤いチェックのエプロンと帽子がよく似合っている。まだパンの棚はなにも並んでいないけれど、奥からは香ばしいパンの焼けるにおいが漂ってきた。おいしそうなにおいを独り占めしていたところに5、6人のお客さんが入ってきた。そのときタイミングよく、焼きあがったパンが棚に並びはじめた。どこからやってきたのだろうか。あっという間に行列ができて、午前10時、「雲の上のパン屋さん」は開店した。

そもそも、「雲の上のパン屋さん」の開店は今から30年以上も前のこと。「三食、パンでもいい」というくらい、大のパン好きな妙子さんが山小屋にお嫁にきたときは、手打ちのうどんが名物だったという。

「でも実家ではずっと毎朝パンを食べていたから、パンが恋しくてね。当時そんなものはこのへんにはないから、自分で作りましたよ」

うどん粉で作ったパンをお客さんにお出ししたところ、「なかなかいけるよ」と

「外で冷やして」と説明中の妙子さん

パン、おいしい？　「うん」と子どもたち

お墨付きをもらったのがきっかけで、山小屋に手作りのパンが並ぶようになった。昔から志賀高原や横手山一帯は、冬ともなれば多くのスキー客でにぎわう。「外は寒いから、体の中から温まるものを」という思いで作ったのが、きのこ雲スープだった。それから30年以上も経った今も健在の人気メニューなのである。

きのこ雲スープを食べる前に、ちょっと厨房を覗かせていただいた。明るい厨房には、業務用の大きなパン焼き窯があった。パン焼き窯はドイツ製。ヨーロッパを旅行していたときに、見つけて購入したものだ。スチームの効き具合がよく、「ドイツはパンがおいしい国でしょ。日本製の窯とは、やっぱり違うわね」と、妙子さんもいたくお気に入りの様子。窯の中では、次のパンが焼かれている。ご存じのとおりパンは生地の発酵が大事だ。酵母がうまく働かないと、生地が膨らまない。ましてや気温の低い山の上で、昔はどうしていたのだろうか。

「夏はまだいいんですけど、冬は自宅のお風呂場で生地を発酵させてから小屋で焼いてましたよ」

これを全部ひとりでやっていたのだから、相当大変なことだったと思う。今では

ロシア人直伝のボルシチ。ボリュームたっぷりです

リフトに乗って、雲の上のパン屋さんへ。今日は何を食べようかな

妙子さんだけではなく、若いスタッフもパンを焼いている。この日、厨房でパンを作っていたのは、この山小屋に来て1年ほどの渡辺あすかさん。すべすべとした赤ちゃんの肌のような生地が、あすかさんの手のなかで丸まっていく。

くるくるくるくる……。

じっと見ていたら、横からカメラマンの田中氏が「僕にもなにかできることがあったら言ってください！」と、今にもカメラを置きそうな勢いで言い出して、えっ！と一同、驚き顔。

再び食堂にもどると、パンを買う列が長く続いている。購入したひとたちはトレーを持ったままテラスに出て行く。レジで「外で冷やしてから、袋に入れてくださいね」と妙子さんが言っているのが聞こえた。出来たてだから、すぐ袋に入れるとパンはつぶれてしまうのだ。テラスにはひんやりと気持ちよい風が吹いている。持ち帰るつもりが、耐えられずにその場で食べはじめるひともいた。

出来たてのパンも食べたいけれど、キノコが目的なので、きのこ雲スープを注文した。焼きたてのキノコは熱い。アチアチ！と言いながらパンをちぎり、スープを

キノコの中からクリームスープがたっぷりと

つけて食べる。バターの風味がきいたスープはやさしい味。別に山型のパンも添えられている。素朴な味のパンを噛みしめながら、「パンはご飯がわりだから、毎日食べ飽きないパンを作りたい」と言った妙子さんの言葉を思い出す。

おみやげにパンを買い、近くの池めぐりをした。途中、小腹が空いたので買ったパンを食べようと袋から取り出すと、まだほんのりと温かく、山の上で出来たてを味わえる喜びを噛みしめた。

横手山頂ヒュッテ
電話　0269・34・2430
営業期間　通年
宿泊料金　1泊2食つき1万2960円〜　素泊まり7560円〜（暖房費別）
アクセス　JR北陸新幹線長野駅から長電急行バス約1時間10分、蓮池乗り換え、長電バス約27分で渋峠下車。渋峠ロマンスリフト約10分の山頂駅からすぐ。渋峠より送迎あり。要環境整備協力金600円。長電バス・のぞきバス停から横手山スカイレーター&リフトでもアクセス可能。
※現在、「きのこ雲スープ」のメニュー名は、「きのこスープ」になっている。単品1000円、スープとパンのセット1300円、ボルシチとパンのセット1300円。

パンを持って湿原めぐり。ぽわぽわ白いのはワタスゲの実

高峰温泉

信越　高峰高原

高峰温泉

限定手打ちそば

予約限定、昼食のみの十割そば。食べる時間に合わせて打つ真剣勝負のそばは、感激の逸品。

細切りが美しいそば。そばつゆも自家製。細いそばに合わせてやや薄口。薬味はネギとわさびのみ

麺類好きが多い日本人。山小屋の売店でもラーメンやそばのメニューがあって、山行の昼食などでお世話になるひとも多いのではないだろうか。

ここ高峰《たかみね》高原でも昼食にそばを出している。ただし、食べられるのは宿泊者のみ。1日30食限定で予約制。

山行途中などに、「腹減ったから、さくっとそばでも食うか」と気軽にはいかないのである。たしかに高峰温泉の休憩所には、コーヒーやお茶、そばアイス、くるみおはぎなどのメニューが並んではいるけれど、そのなかに「そば」の文字は見当たらない。これは密かな裏メニューなのだろうか。

「特別隠してはいないんですけど、そばの風味を味わっていただくために十割のそば粉を使い、食べる直前に打ちます。作りだめをしないので、予約制なんです」と申しわけなさそうに話すのは高峰温泉のご主人・後藤英男さん。

高峰温泉のある高峰高原は長野県。長野といえばそばどころで、近くの小諸《こもろ》市は「小諸そば」でも有名である。やはりそば粉は長野産ですか?と当然であろう質問に、「北海道のものです」とは意外な答えが返ってきた。

「小諸でそば屋をやっている友人がいて、初めは彼らのそばを出していましたが、

最後にひとまとめにすると、そばは猫の背のように丸くなった。思わずなでてみたくなるつややかさ

高峰高原でしか食べられないものを出そうと考えたのが、そば粉を十割使った手打ちそば。十割は香りもいいし、おいしいですし。ただ、そば粉のみとなると質のいいそばの実を仕入れなければなりません。長野以外に福島やいろいろなところからサンプルを取り寄せて試しましたが、品質が安定していたのは北海道のそばの実でした」

そば粉ではなくて、そばの実から。これを使うぶんずつ仕入れて、地下室の温度が一定したところに貯蔵。乾燥を嫌うそばは湿度管理が大切だという。そして週に1回、「水分や香りがとばないように」電動の石臼で引く。さらに、「そばがよくても、つゆがおいしくないといけませんので、うちのそばに合ったものを作っています」。

たかがそば、されどそば、である。

ここまで話を聞いたら、打つところも見てみたい。これから今日のぶんを打ちはじめるというので、ずうずうしくも調理場におじゃましました。

調理場には、こね鉢、のし台とのし棒が4本、はかりが定位置に置かれている。

ご主人の後藤さんが打つのかと思ったら、「今は調理人が打っています。それではごゆっくり」と言って立ち去る後藤さんと入れ替わるように、白い上っ張りがまぶしい調理人の青山さんが入ってきた。時計を見ると11時。

高峰温泉の昼食は12時と決まっている。そばをこねて、切り終わるまでの工程が40分。打ちたてを出す段取りは完璧である。

まずはこの日の人数分のそば粉を量り、こね鉢へ移動。つなぎのない十割そばは時間との勝負である。だらだら打っていたのでは、乾燥してそばの香りがなくなってしまう。青山さんの手の中で、最初はぼそぼそだったそば粉がまとまり始める。さらに手のひらでぐいーっぐいーっと伸ばして丸くまとめたものをのし棒で伸ばしていく。これでもかと伸ばしたそばは厚さ1㎜くらいまでになった。包丁で切りながら、はかりで計量。あとはゆでるだけ。

12時ころ、食堂には山からもどった客が入ってきた。ゆであがったそばが次々と運ばれる。

まず撮影用にひとつ出してもらった。撮影後に食べるぶんを出してもらう。もったいないので両方いただいた。

あっ！と驚きの味、その差、歴然。数分の違いなのに……。打つのも時間との勝負なら、食す側もだらだらとしてられない。そばは生きもの。だから予約制なんだなと、食べ比べをしながら思った。

これだけおいしいおそば。宿泊者以外は食べられないのだろうか。「予約客以外に数に余裕があれば受け付けます」と後藤さん。まずは電話で確認である。山選びはそのあとかな。

一人前150g。きっちり量ってお出しします

細く細く、切るというより包丁を押していく感じ。「なかなかうまくいきませんね」と青山さん。そんなことはございません

深い雪の中だった高峰温泉周辺も、春の訪れはもうすぐ

高峰温泉

TEL　0267・25・2000

営業期間　通年

宿泊料金　1泊2食つき1万3000円～（税・サービス料・入湯料、暖房費別）

アクセス　JR北陸新幹線佐久平駅からJRバス関東で約1時間、高峰温泉下車。またはしなの鉄道小諸駅から同バスで40分、高峰温泉下車。

※現在は10割そばは販売しておらず、二八そば（1080円）となっている。宿泊客以外でも12時～12時30分の間にかぎり提供可能。要予約。

高峰温泉はお湯もよし。登山後の温泉は体にグッと効きます

奥武蔵　正丸峠

奥村茶屋

ジンギスカン

先代から受け継がれた鉄鍋が茶屋の主。先代御用達のお肉の味もそのままに。

奥村茶屋の主・ジンギスカン鍋が七輪の上にのせられる

色鮮やかなお肉は、長年付き合いのあるお肉屋さんが配達してくれる

七輪が入ったテーブルと特注の炭

奥村《おくむら》茶屋のパンフレットには「昭和16年開業以来年中無休で営業しており、名物ジンギスカン料理に人気があります。正丸峠《しょうまる》は江戸と東京を結んだ歴史道で、云々……」と書かれている。

奥武蔵《おくむさし》の伊豆《いず》ヶ岳山頂から、約50分下った正丸峠に立つ奥村茶屋。今では鉄道が走り、峠を越えて歩く人もいないが、当時は秩父《ちちぶ》へ、または東京への主要な道だったのだろう。

「ここからの景色が気に入った先代の父が、この場所で茶屋を始めました。休憩客にお茶を飲ませるために、父が水を下からここまで運んできて。それは大変だったと思いますけれどね」

奥村茶屋の歴史を、当時の写真を見ながら説明してくれるのは、奥村貞子さん。セピア色の写真には、奥村茶屋が建てられた当時の様子が写っている。

そして、奥村茶屋の名物料理はジンギスカン。このあたりでは、昔からジンギスカンを日常的に食べていたのだろうか。

「うちがジンギスカンを出すようになったのは、昭和20年の終わりから30年初めくらいだったかしら。秩父の羊山《ひつじやま》公園ってご存じですか？　ええ、シバザクラで有名な。あそこは昔、その名のとおり羊牧場だったんですよ、だからこのあたりでは昔から羊の肉を食べていたんじゃないかしら」

今日は週末の仕込みの最中で、うぃーん、うぃーん、という音が食堂に響いている。音は調理場からで、もうひとりの女性がミキサーを回していた。奥村峯さん。貞子さんの妹さんで、峯さんが奥村茶屋の料理責任者なのである。ミキサーでジンギスカンのタレを作っているところだという。秘伝のタレですか?と尋ねると、「そんなこともないですけどね……」と笑っている。にんにくのにおいはしたけれど、ほかに何が入っているのだろうか。気になるミキサーの中味ではあったが、これはさっそく食べてみないことには始まらない。

すすけたメニューにも歴史を感じる。ジンギスカン料理1500円、野菜つき。ジンギスカンといえばビールといきたいところだが、やめておこう。帰り道でふらふらになったら怖い。そのかわりに、ライスセットを注文する。お新香と味噌汁つきで350円。

奥村茶屋のテーブルには、どれも真ん中に四角く穴が開いている。深さもある不

奥村茶屋を切り盛りする奥村峯さん（中央）と貞子さん（左）

奥村茶屋の食堂は広くお座敷もある。窓から正丸駅へ下る道の道標が見えた

思議な穴。しかし、その謎はすぐに解けてしまった。

「熱いので気をつけてくださいね」と貞子さんが運んできたのは七輪だった。七輪が、その四角い穴にすぽっと収まるという仕組み。炭火の熱が顔にじんわり伝わってくる。丸いジンギスカン鍋をその上にのせると、ちょうどよい高さに鍋がくる。この鍋もたぶん古いものなのだろう。

「これはもう40年以上たつかしら。なんせ先代からのものだから……」

ていねいに手入れされた鉄鍋は、40年以上たっても錆ひとつない。黒光りして、まるで主のような顔をしている。

「炭もこの下の集落のおじいさんにお願いしていますけど（取材当時）、だいぶお年でね。昔はこのあたりも炭焼きが盛んで、植林も手入れされていたんですけど、今はもう……。だから周りの林が荒れて景色がわるくなってしまったわね」

大きな窓の外は、谷をおおうように木々が重なりあっている。雲がたなびき、墨絵のような景色が広がっていた。

「どうぞ」とお肉が運ばれてきた。脂身の白と赤身の縞々模様が美しい。

ジンギスカン鍋でお肉ジュウジュウ。野菜も食べましょうね

「羊はクセがあるから苦手という人もいらっしゃいますけどね。でも最近は体にいいってことで人気みたいですよ」と言いながら、貞子さんは丸い鍋のてっぺんに脂身をちょこんとのせる。たしかに、羊の肉はダイエットにいいとかで、近ごろ注目されている。ジンギスカンのお店も増えて、それほどめずらしい料理でもなくなっている。鍋の上の脂身が溶けるのを眺めながら、初めて北海道のビール園で食べたジンギスカンを思い出す。食べなれない羊の肉を緊張しながら口に入れたこと、タレが甘かったこと、タレにからまったもやしが妙においしかったこと。すべてが懐かしい思い出話である。

「鍋はもう熱くなっていますから、お肉をどうぞ」と言われ、慌てて我に返った。肉だ、肉だ。

　ひと切れ鍋にのせると、ジューっと煙を上げながらいい音がする。炭火はいいねえ、と知ったようなことを言いながら羊の肉を焼く。野菜もね、とカメラマンの寺澤さんから注文が入る。はいはい。うーん、いいにおいだ。ところで、羊の肉にはラムとマトンがあって、ラムは若い羊でクセがなく、マトンが大人の羊で、いわゆる羊くさいといわれている。奥村茶屋の肉はどちらですか?と尋ねると、「わから

深山幽谷といった雰囲気。先代はこの正丸峠から、どんな景色を見たのだろうか

ないです」。そうあっさり貞子さんは言い放つ。

「うちの肉は、それこそ先代のときからお願いしているお肉屋さんにすべておまかせしているので、お肉屋さんが持ってきてくれたものをお出ししているだけなんですよ」

長い付き合いがお肉の味を保証しているというわけか。焼けたお肉をタレにつけてほおばる。特製のタレは甘すぎず、さっぱりとしていておいしい。ほのかにりんごの甘みも感じる。肉も、さすが全幅の信頼をよせてるだけのことはある。さっと焼いて、パクパク食べてしまう。うまい！　あ、もやしが焼けてますよ、寺澤さん！

「このあとに炭火でおにぎりやお餅を焼いたりする人もいるんですよ」と言う貞子さんのおすすめどおり、食後にデザートのお餅も焼きました。

奥村茶屋
TEL 042-978-0525
営業期間 9時30分~16時30分　不定休（営業時間は、曜日、季節によって異なる。平日は10時以降に営業を確認のこと）
アクセス 西武秩父線正丸駅下車、徒歩約1時間。
※現在もジンギスカン料理は1500円、ライスセットはプラス350円。

食後には炭火で焼いたお餅を

おにぎりは小さい三角形が３つ。たくあんとともに経木に包まれる

鈴鹿　御在所岳

御在所山ノ家

おにぎりとハヤシライス

98歳、現役ひとり暮らしの小屋主。
おにぎりを握る手は力強くてやさしい。
ハヤシライスは亡き妻との思い出の味。

御在所《ございしょ》山ノ家を知ったのは、テレビのドキュメンタリー番組だった。画面に映ったおにぎりとそれを握るおじいさん。チラッと流れただけの場面は、頭にしっかりと焼きついてしまった。

「あのおにぎり食べたいな……」

御在所山ノ家のご主人は佐々木正一《しょういち》さん。96歳。妻の春江さんとふたりで切り盛りしてきた山小屋は半世紀以上経つ。今はひとり、この山小屋で暮らしている。春江さんは2年前、92歳で亡くなった。

正一さんのおにぎり作りも、半世紀以上になるという。ところで、なぜ正一さんがおにぎりを作るようになったのか。

「おにぎりだけは、ばあさんよりわしのほうがうまーく握れる。ばあさんが握ると、なぜか、バラバラになるで」というのが、その理由だった。では、「うまーく握れる」にはどうすればいいのか。

おにぎり作りは、まずごはんを炊くことから始まる。ごはんを炊くのは炊飯ジャー。「昔は薪で炊いとったけどな」の言葉どおり、裏にはかつて使われていた大きなかまどが残っている。

　シャカシャカシャカと、指でお米をかき回す。強くもなく、弱くもない、微妙な力加減だ。決してぎゅぎゅと手のひらで強く研がない。こうして水がにごらなくなったところで再び水を張ると、顔を内釜の中に突っ込むようにして、じーっと目盛りと水の分量を確認している。その姿は真剣そのもの。電気釜にセットをすると、勢いよくポンと蓋を閉じた。ポンという音がまるで、「これでよし」という合図のようにも聞こえた。

　ごはんが炊けると、ボウルにおにぎり分だけの量を移した。手をごしごしと洗って、手塩をつける。いよいよ、おにぎりとご対面である。

　炊きたてのごはんを手のひらにのせたとき、とっさに、熱くないですか?と心配してしまった。これでよくやけどをする。ところが正一さんは涼しい顔で、こう答えるのだ。

「おにぎりはな、熱いほうがうまーく握れる。熱くないと形にならんからな」

　経験の違い、ということか。正一さんの手からはホカホカと湯気が出ている。その湯気も包み込むように、やさしく、手早く。そう、お米を研ぐときと同じで、微

やわらかな斜光線が小屋を
照らす。ゆったりと流れる
正一さんとのやさしい時間

妙な力加減で握っている。

　ふわふわふわふわと4回ほど握ると、正一さんの大きな手には、テレビで見たのと同じ、あの白いおにぎりがあった。小さな三角形だった。

「今でも50人分は、いけるな」と自信に満ちた表情で、正一さんはうなずいた。

　最後にどこからか海苔を持ってくると、おもむろに三角のてっぺんから海苔を巻いた。これにはちょっと驚いた。一般的には三角の底辺から海苔を巻く、そう思っていたが、正一さんいわく「数が多いとな、こうしたほうが（上から巻くほうが）ラク」なのだそうだ。経験は知恵を生む、のか。

　おにぎりは山の上で、ということで御在所岳に登った。おにぎりは三角から俵形に変形していたけれど、ひと口ほおばれば、さすが！　粒が立った握り具合。大きさもちょうどいい。凍ったたくあんも、ちょうどよく溶けていた。あのテレビを見た日からの念願がかなった。

　正一さんと春江さんが結婚したのは、正一さんが24歳のとき。当時、正一さんは国鉄で働いていた。同じ国鉄で働く4年先輩がいた。そのひとが春江さんのお兄さ

小屋の手入れも料理もすべて自分でやります

んだったのだ。正一さんは春江さんのお兄さんに、「おれにくれんか」とお願いをしたところ、「持て余すくらいわがままだけど(!)、君がよければどうぞ」とあっさり認められ、めでたく結婚となったのだそうだ。

春江さんは、町へ買い物に出ると、美容院や洋品店へ行くのを楽しみにしていたおしゃれさん。そして山小屋では、登山者のために夕食の特製カレーライスを作った。

そうなのだ。山小屋の夕食はカレーライスだった。春江さん特製のカレーは、カレールーのほかに、だしの素とソース、みりん、酒、醤油。最後にとろみの片栗粉を入れて、ことこと煮込んで完成する。宿泊の登山者が「このカレーを楽しみに来たのよ」と言えば、「私のカレーはおいしいでしょ」と満面の笑みの春江さん。けれど、今はもう春江さん特製のカレーを食べることはできない。ということは、正一さんが春江さんの味を作っているのだろうか。

時計が5時を指した。

「そろそろ夕飯作ろうか」

そう言って正一さんは台所に入っていく。カレーですか?と尋ねると、

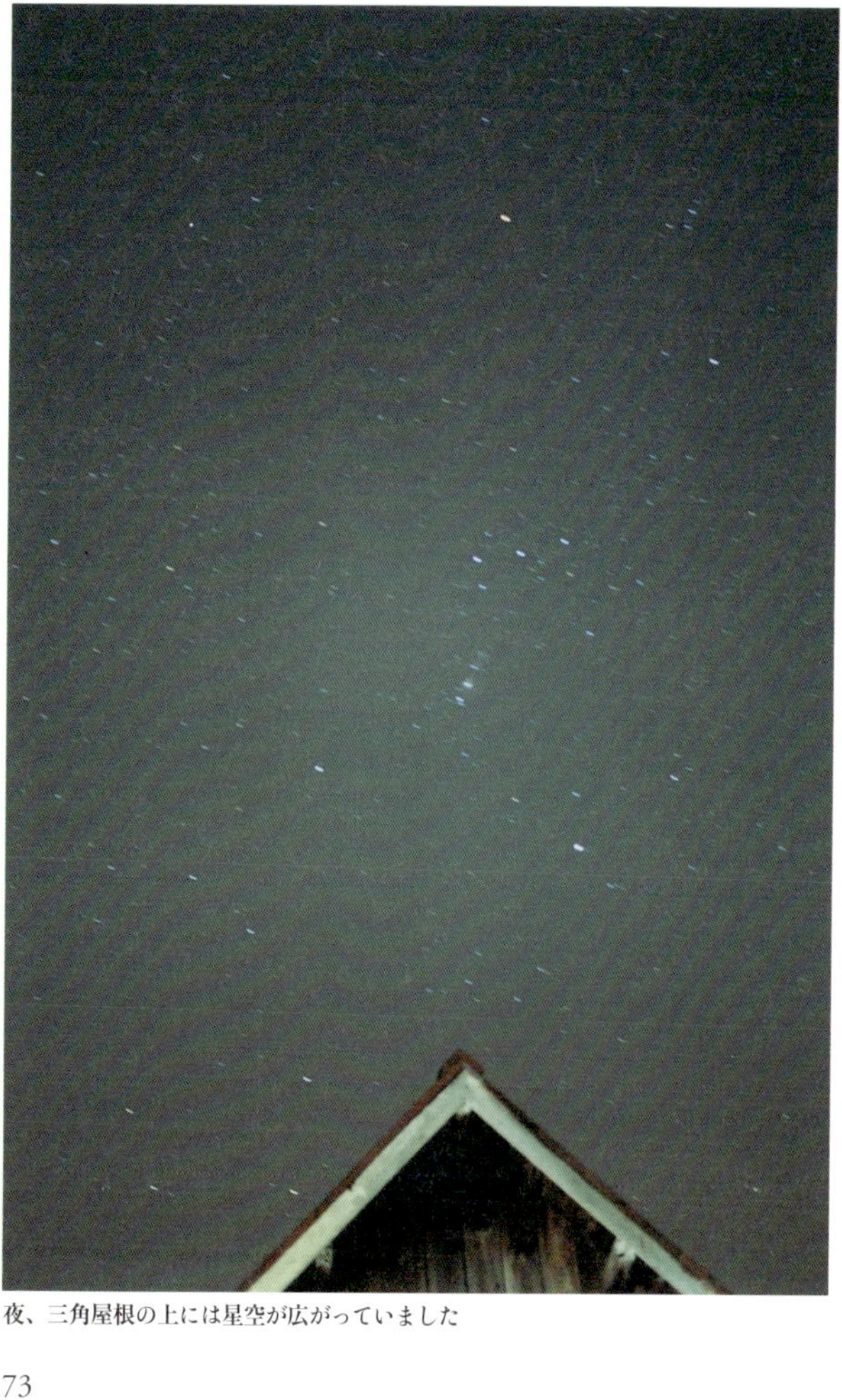

夜、三角屋根の上には星空が広がっていました

「いや。ハヤシライス」

予想外のメニューだった。

「カレーより、ハヤシライスのほうがおいしい」

そうか、正一さんはハヤシライス好きだったのか……。

「ばあさんも、わしが作ったハヤシライスをおいしいって食べとったけど、死ぬちょっと前かな。ハヤシライスが食べたいっていうから作ってやったら、今度はおいしくない言うてな。もう、あんときは体がおかしくなっとった」

春江さんもカレーライスより、正一さんの作ったハヤシライスのほうが好きだったのかもしれない。

冷蔵庫から玉ねぎと肉を取り出すと、年季の入ったまないたで玉ねぎを刻み、凍った肉は、電子レンジで解凍した。

「新しい鍋どこいったかな？」

棚にはずらっとやかんと鍋が並んでいる。全部使い込まれているから、どれが新品かわからない。「あ、これこれ」。正一さんが手にした鍋は2～3人用の小さな鍋。棚に並んでいるのは大きな鍋ばかりだった。昔は宿泊客も多かったのだろう。立派

やかんや鍋がずらりと並んだ台所。ほかにもたくさんの食器類やいくつものお櫃。どれも使い込まれた年代物

なお櫃もあった。中にはごはんがたっぷり入って、宿泊客はお櫃からごはんをよそい、もりもりと食べていたに違いない。

小鍋を火にかけると正一さんは鍋を覗き込むようにして、玉ねぎと肉を炒めている。次に水を注ぐ。煮える間に、使った包丁やへらなどを洗って、もとの場所にもどす。鍋の蓋がカタカタいうと、ハヤシライスのルーを入れる。再び煮込んで完成。正一さんの場合は、だしの素もソースも入らない。

「手際がいいでしょ」

得意顔の正一さんは、お皿を3つ並べた。宿泊者用と言ったお皿には花模様が入っている。

「どんくらい？　わしはいっぱい食べるけど」

そう言って盛ったごはんは、正一さんのがいちばん多かった。

さて、正一さんのハヤシライス。これが意外にもと言っては失礼なのだが、とてもおいしくて驚いた。もっと驚いたのは、正一さんの旺盛な食欲だったのだけれど。

ひとりで寂しくないですか？　食後に聞いてみようか迷っていると、

「今年の5月で、三回忌になる」

つやつやのハヤシライスは玉ねぎと牛肉がたっぷり。デザートはパイナップル

そう言って、ずずずーとお茶をすする正一さんの頭上には、いつも春江さんが見守っているのだと、気がついた。

あれから2年、98歳現役。「ハヤシライスぐらいしか作れないけど」とお電話での正一さん。おにぎりも健在です。

頭上にはいつも春江さんが

御在所山ノ家

御在所山ノ家は、現在閉鎖。故・佐々木正一さんの息子・正巳さんが、旧御在所山ノ家の直下に「一の谷山荘」を新しく建て営業している。TEL059・393・1516（平日）、059・392・2654（土・休日）。通年の土・休日営業（平日は予約があれば可能）、素泊まりのみ2500円。近鉄湯の山温泉駅から三重交通バスで約7分、湯の山温泉下車、徒歩約40分。

正一さんが守ってきた御在所山ノ家

北アルプス　立山室堂

みくりが池温泉
げんげの唐揚げ

夕食別メニューに登場する
富山の地魚と、日本海に沈む夕日を
肴にテラスで乾杯！

カラッと揚がった「げんげの唐揚げ」とくれば、やっぱりビールです

げんげ、である。

　げんげとは日本海沖で捕れる魚で、深海魚のことである。この耳慣れない魚が、「げんげの唐揚げ」として、みくりが池温泉の夕食別メニューにある。

「みんなが見向きもしない下の下の魚。だからげんげっていうんですよ」と、みくりが池温泉のご主人・尾近《おこん》三郎さんは、げんげの「げ」の字も知らない太平洋側の住人に名前の由来を教えてくれた。

　下の下の魚だからげんげとはあんまりな名づけ方。しかも「捕れる」といっても、甘海老漁などの底引き網にたまたま引っ掛かって、たまたま引き上げられてしまった、というのだから、つくづくトホホな魚である。

「でも地元（尾近さんは富山の方）では味噌汁に入れたり、お刺身にして食べますよ。げんげは骨が硬いから、唐揚げにすると食べやすくなって、しかもおいしいんです」

　トホホな魚も調理次第で、おいしい一品となる。尾近さんの話に安心したところで、さて肝心のげんげなる魚の姿形は？　はたまた唐揚げのお味は？　今回もまた調理場に入れていただいた。

げんげは青いざるに入っていた。頭と皮をむかれて、まさに揚げる前の状態だったので本来の姿にはお目にかかれなかったが、体長は20㎝くらい、ドジョウやウナギのようなつるっとした体つきをしている。それを小麦粉にまぶして、油で揚げていく。揚がったら味付けの塩をふり、皿に盛りつけたら出来上がり。食べるときは添えてあるレモンをきゅっと絞って、はふっとほおばる。身は見ためより淡白で軽く、口のなかでほろっとほどける。はふっとほろっと。はふほろを繰り返して、お皿はからっぽになった。

夕食別メニューは「げんげの唐揚げ」以外にもいろいろある。挙げてみると、白海老唐あげ、白海老刺身、ホタルイカの沖漬けなど。

それにしても、白海老やホタルイカの沖漬けとは、ここが山小屋だということをうっかり忘れてしまいそうになる。

「やはりアルペンルートが通っているので、物資の運搬がやりやすいというのが大きいと思います」

たしかに山小屋のなかでは恵まれたところではある。アルペンルートがあれば物資だけではなく、登山者も多く訪れる。山小屋には温泉があって、なにより立山《たてやま》が

標高2450 mの北アルプスの立
山・室堂平。ここまではバスや
ケーブルカーでらくちん登山

近い。だからといってそれに甘えるのではなく、いかに山を楽しんでもらおうかという思いが、この食事のメニューから伝わってくる。

「山は景色がよければそれだけで充分なんです。でも天気がよくなければ山の印象がわるくなってしまう。それでもせめて山小屋の食事がよければ、少しは救われるのではないかと。ここは富山湾にも近いですから地物を出して、富山に来た思い出としても楽しんでいただきたいですね」

さらに尾近さんはこう続ける。

「室堂平《むろどう》はほかにも山小屋はありますが、客層によって性質が違います。いろんな小屋があっていいと思うんです。私の憧れはスイスの山にあるような牧歌的な雰囲気の山小屋。カレンダーでしか見たことはないんですけれど（笑）、そんな心にゆとりがある山歩きと、そこでくつろぐ時間を提供できればと思っています」

みくりが池温泉のテラスでは、湯あがりの顔をさらに赤くしてビールを飲むひと、仲間と談笑するひとの姿があった。地獄谷の噴煙はとどまることがない。日本海に沈む夕日がそれらをくっきりと映しだしている。スイスとはやや雰囲気は違うが、これもまたひとつの山の景色だなと思った。

みくりが池温泉
ＴＥＬ　０７６・４６３・１４４１
営業期間　４月中旬～11月下旬
宿泊料金　１泊２食つき９３００円～
アクセス　関東方面からは、ＪＲ大糸線信濃大町駅からアルピコ交通バスで約40分扇沢下車。扇沢から立山黒部アルペンルートで約１時間、室堂ターミナルから徒歩約15分。関西方面からは、富山地方鉄道立山駅から立山黒部アルペンルートで約１時間、室堂バスターミナル。※いずれも乗り換え時間は含まず。

※げんげの唐揚げは６２０円。

ぬるぬるとしたゼラチン質の深海魚のげんげ

南アルプス

青木鉱泉

くずきり

シラカバの林の奥にたたずむ
江戸時代からの温泉宿は、
ほっとひと息の甘味処。

テーブルの上にある小さなメニュー。裏面にも品目がびっしり

青梅と桃の薄切りが入ったくずきり。よーく見ると赤ちゃんの顔に見えません？

もう何年前になるだろう、友人と南アルプスの鳳凰《ほうおう》三山の縦走を計画したのは。女3人のテント泊。鳳凰三山を選んだ理由は、非力な私たちでもテントで（お金がないだけ）歩けそうだったから。そしてテント場で迎えた朝、外は雨だった。こりゃ無理だとあきらめて、途中からドンドコ沢を下った。さようなら、地蔵《じぞう》岳よ、オベリスクよ。ドンドコ、ドンドコ、ドンドコ沢。ところで、なんでドンドコ沢なんだろう？

ずぶぬれで青木鉱泉に到着。ありがたやありがたや、とお風呂に入り、バス待ちの間、食事をすることにした。食堂に入ると、高い天井と木のテーブル、畳一枚分くらいある掘りごたつ。すべてが大づくりの建物だった。

「とりあえず、ビールだね」と注文しようとすると、「ご注文は紙に書いて渡してください」と言われた。紙は、醤油さしの横の茶色い壷の中。言われたとおり「ビール、2本」と紙に書き込んだ。と、ここまでは記憶しているが、このあと何を注文して食べたのか、思い出せない。

さて今回、青木鉱泉を訪れた目的はくずきりである。くずきりのことはその後、ひとから教えてもらったのだ。

「青木鉱泉のレモンくずきりがね、おいしかったの」

あのつるんとした喉ごしが下山後にはいいだろうな。あ、そうか。話を聞いて気がついたのだ。山小屋に着いたら、山から下りたら、「とりあえずビール」じゃないひともいることを。

青木鉱泉はミツバツツジが咲いて、木々の緑はまだ浅い。

「早かったんですね」と青木鉱泉の奥さん・堤 和美さんがヤマブキの花を手に現われた。韮崎から青木鉱泉までの林道は整備されていて、予定の時間よりも早く到着したことを話す。

「今年は雪が多くて、予定の4月中旬に小屋開けができなかったんですよ。最近になってようやく」と言って和美さんは、たっぷり水の入った大きな瓶にヤマブキを生ける。沢のそばに立つだけあって水は豊富だ。

建物の中に入ると、大きなテーブル、紙の入ったなつかしの茶色い壷。どれも健在だ。聞けば青木鉱泉のご主人・堤 宏さんは東京で木材会社も経営している。これで青木鉱泉の建物が立派なのも納得できた。

2階にある宿泊室。光が差し込んですりガラスの形が畳に映る

日あたりのいい廊下。ここで日なたぼっこしながらお昼寝したいな

「ええと、今日はくずきりでしたね」

くずきりは葛粉から作っているんですか？と尋ねると、

「いえいえ、市販品です」。和美さんは笑って答える。てっきり手作りだと思っていた。

「なかなかそこまでは。うちは食事が中心ですから」

青木鉱泉というのだから、あたりまえだけれど温泉宿。宿泊以外にも、日帰り入浴客もやってくる。食事もする。小さいメニュー表には、山菜そば・山菜天ぷら・おにぎり・みそおでん。そのほかに、馬刺し（要予約）まである。

「もともと甘いものは置いていなかったんですけどね」。そう言われてみると、ここには山小屋にあるチョコレートなどのお菓子類は置いていなかった。

「下山してきた方から、なにか甘いものないですかって」そう聞かれて出したのが、くずきりだった。それに今は、と和美さんは続ける。

「ケーキやお菓子は町でいくらでも食べられるでしょう？　でもここは山の中だから、山に来たんだと思ってもらえるもの、青木鉱泉らしいものをお出ししたいと思ったので」

山の上だったらチョコレートなどの、こってりとした甘さが欲しくなるかもしれない。けれど、下山後の体にはさっぱりとした甘さがちょうどいい。くずきり以外には甘酒やところてんもあった。山の甘味処、青木鉱泉。

「今日はレモンくずきりではないんですよ。梅です」と和美さんが持ってきてくれたくずきりには、青梅の実がひとつぶと、桃の薄切り入り。

「レモンや梅のほかに、ゆずや夏みかんなどもありますけど、そのときによって違うんです」

白い器のなかの透明なくずきりは、見ているだけで気持ちがすっきりとする。さっそくいただく。蜜はほどよく甘く、その甘さといっしょに冷たいくずきりがつるつると喉を流れていく。

「夏はやっぱり、ビール。それとくずきりが出ますねえ」

汗を流したあとはくずきりか、ビールか。

「このくずきり、赤ちゃんの顔みたいだよ」とそれまでレンズをのぞいていたカメラマンの寺澤さんが言い出した。え？　顔？　唐突な発言に驚いたが、よくよく見ると器の縁が赤ちゃんの帽子にも見える、かも。

ふわっと芽生えたばかりの新緑が山を覆う。「山笑う」とはこのこと

江戸時代からある温泉宿。シラカバの林に囲まれた静かな場所

コゴミなどの山菜を摘む。青木鉱泉自慢の山菜料理。ぜひご賞味あれ

みそおでんには特製のフキ味噌を。ほろっと苦く、まさに春の味

「くずきりだけでは物足りないんじゃないですか？　山菜もお出ししましょう。おそばか天ぷら、どうします？」

そ、そんな、と遠慮しつつも、天ぷらを注文した。好物のみそおでんも。

「今は山菜が時期ですからね。コゴミが採れますよ。秋はきのこ。うちでは海のものは出さないんです。魚もアユやヤマメなどの川魚、馬刺しも人気です」

山菜天ぷらは山の、春の香りがした。みそおでんの味噌にもフキ。これからは山椒も入るという。ああ、やっぱりビールも飲みたくなってきた。

そしてドンドコ沢について。昔、地蔵岳は子宝の山として、地元だけでなく遠方からも女性たちが願掛けに登った山だった。山頂には地蔵があり、一体持って下山し、子どもが生まれたら二体の地蔵を担いで山頂にお礼をする。このとき太鼓を叩きながら登ったことから、その名がついたと伝えられています、そうご主人の堤さんが教えてくれた。なるほど納得、ドンドコ、ドン。

青木鉱泉
TEL　070・4174・1425
営業期間　4月末〜11月中旬（要確認）
宿泊料金　1泊2食つき1万8000円　素泊まり7020円
アクセス　JR中央本線韮崎駅から山梨中央交通バスで約55分、青木鉱泉下車。

※くずきりは500円。

［奥多摩　御岳山］

山楽荘

御師料理

目からウロコの野菜料理は、
丹精こめて育てた畑からの直送。
体にやさしい「山楽講」へ。

御岳講参拝者のための宿坊でもある山楽荘

野菜、川魚、猪肉など、山川海のものすべて、おいしくいただく御師料理

静かな山道を登ってゆくと、突然集落が現われた。家、また家。一軒一軒はけっこう大きく、なかには立派な門構えの家や、茅葺屋根の家もある。細い道はうねうねと家の間を抜けて、さらに山頂の武蔵《むさし》御嶽《みたけ》神社へ続いていた。道には「○○講」の石碑が立ち並ぶ。ここ御岳《みたけ》山は、富士講や大山《おおやま》講などで知られる山岳信仰の山で、古くから御岳講の霊場として開かれていた。

「今のようにケーブルカーもない時代は、遠くから参拝にやってくれば日帰りというわけにはいかないので、私たち御師《おし》がそれぞれの家で氏子さんに食事を出したり、宿泊のお世話なんかをしていたんですよ」

片柳至弘《よしひろ》さんは山楽《さんらく》荘のご主人、そして代々御師の家系。御師というのは、神社つまり神様と氏子の間をつなぐ神職のことで、この御師が営む宿坊が御岳集落には26軒ある。

考えてみれば〝講〟というのは、今でいう団体登山みたいなもので、お世話をする御師は、いわばガイドさんや山小屋経営者、といったところだろうか。

山頂でお参りしたら、おいしい食事。信仰心は乏しいけれど、せっかく御岳山に登ったのだからここはひとつ、ありがたい御師料理を味わってみたい、そう思いませんか？

山楽荘の御師料理は、自家栽培した季節の野菜を中心に、川魚や猪などの肉料理で客人をもてなす。なんとなく精進料理を想像していたので、肉や魚も出るのが意外だった。

「山川海、すべてのものをいただくのが、御師料理です。でも魚や肉料理は一品くらいで、ほとんどは野菜ですよ。私が作った元気な野菜を食べれば、みなさんも元気になりますから」

片柳さんの声はとても張りがあって若々しい。そのパワーの源は、自家製の野菜にあったのか。

いよいよ料理が運ばれてきた。お膳にのった料理は、さしみこんにゃく、いもがらとにんじんのきんぴら、わさびの茎の酢の物、天ぷら、すりおろした山芋、薄甘く煮たきんかん、などなど。それらは、ひとつひとつ、ていねいにお皿に盛り付けられていた。別の小さいお鍋では、白菜などの野菜と猪肉がことことと煮えている。

まずは食前酒からいただく。赤い色がとてもきれい。

「これは猿酒といいます。猿酒というのは、猿が木の穴にいろいろな木の実を貯めこんだものが発酵してお酒になった、という話があるんです。といってもこの猿酒は、うちで漬けた梅酒やかりん酒などを数種類ブレンドしたものですよ」

さて、どれから食べようかと、目移りしていると、湯気の立った川マスの竹皮蒸しが運ばれてきた。

「こちらは温かいうちに召し上がってくださいね」

温かいものは温かいうちに。まずは川マスに手を伸ばした。竹の皮の包みを開くと、そのままのお姿。じっと、川マスの白い目を見つめてしまう。

「頭からどうぞ」。そう片柳さんが勧めるので、頭からかぷっとかぶりついた。骨も身も、ほろっとくずれて、口の中にはほんのり塩味と竹の香りが残った。うまい！　うまい！を連呼しているうちに、あっけなく手もとから川マスは消えてしまった。もっとゆっくり食べればよかったと後悔しきり。

気をとりなおして、お膳の食事に向かう。まずは大好物のさしみこんにゃくから。ぷるぷると震えているのをわさび醤油でいただく。いもがらはしゃっきりと歯ごた

山楽荘名物「川マスの竹皮蒸し」

わさびは奥多摩の農家から仕入れ

川マスを割いてから塩をして、もち米ときびをお腹に詰めて5時間じっくり蒸したもの

えが残ってちょうどよい炒め具合。こんにゃくも芋から作り、いもがらは家の前で何日も干したものだという。わさびの茎なんて、日ごろチューブのわさびにお世話になっているのだから、当然出会うことのない味だった。

そしてゆずの皮の天ぷら。香りづけにしか使ったことがないゆずに、こんな食べ方もあるのかと、意外なおいしさに目からウロコが落ちた。とにかく挙げているときりがない。どれもシンプルだけれど、野菜のおいしさをわかっているひとが作る料理だった。

締めのごはんとけんちん汁を食べ終えて、食後のウコン茶（これも自家製）をすすっていると、片柳さんが「畑に行ってみる？」と誘ってくださった。

畑に行く途中、道端を指さしながら、

「これ堆肥。造園屋さんからもらった木のチップや、生ゴミやら貝殻とか入れて、3年かけて堆肥を作って……」と詳しく説明してくださる片柳さんの、堆肥を見つめる目はとても愛しそうだった。でも何の知識もない人間にとっては、ただの土にしか見えないのだけれど。ともかく、この土なくして山楽荘の料理は存在しない、

山楽荘は犬のチャチャと片柳さんのお孫さんの咲樂（さら）ちゃんがお出迎え

というわけである。

畑は植林をぬけたところにあった。

「ここがうちの畑。ほら土が違うでしょう？」

そう言われて、今度は意識して土を見てみると、片柳さんの畑の土は冬の寒い時期なのに、ふかふかとして気持ちよさそうだった。この時期の畑には大根などが少し残っているだけだったけれど、3月になれば、じゃがいもとほうれん草を植えるのだという。

「ここと あそこには、ブルーベリーの苗も植えたし……」と言いながら畑を眺める片柳さんにはこれから先、次々といろんな野菜が育つ様子がありありと見えるのだろう。

ならば春また来よう。奥多摩の山々に囲まれた空中菜園が色づくのを楽しみに、そして春の元気な野菜を食べに「山楽講」登山に。

孫の咲樂ちゃんをおぶりながら山芋をすりおろす妻の紘子（ひろこ）さん

片柳さんの手には畑から採ったばかりの大根が。空中菜園にたくさんの野菜が実る春、また来よう

山楽荘
TEL　0428・78・8439
営業期間　通年
宿泊料金　1泊2食つき8900円（税別）～
アクセス　JR青梅線御岳駅から西東京バスで約10分、ケーブル下下車。御岳山ケーブルカー滝本駅から約6分、御岳山駅下車、徒歩約20分。
※食事のみの利用も可。宿泊客と同様の御師料理が食べられる。3800円（税別）、要予約、時間等詳細は要問合せ。

武蔵御岳神社へ向かう途中に現われる、御岳講の御師の集落

北八ヶ岳・しらびそ小屋への道

てくてく歩こう。森を抜けたらとんがり屋根が見えてくる。

デイパックに水筒とおやつを入れて、
地図と雨具も忘れずに。
歩いたあとのごはんのお味は……、
「あぁ、ここまで歩いてきてよかったぁ」

［北八ヶ岳］

しらびそ小屋

薪ストーブトースト

静かな森のなか、池のほとりの
かわいい小屋。薪がはぜる音と
ぶあついトーストで目覚める朝。

山小屋の前には小鳥やリスがやってくる

薪ストーブの熱で、固まったバターを溶かしながらパンにゴシゴシとぬっていた

卵料理は、目玉焼きのほかに、ゆで卵やオムレツ、スクランブルエッグなどいろいろバージョンがある

Q·B·B
ベビーチーズ
CAMEMBERT
カマンベール入り

朝食がパン、というのはふだんの生活ならよくあることでめずらしくもないけれど、ここは北八ヶ岳《きたやつ》のしらびそ小屋。ここは朝食にパンを出す山小屋なのだ。最近はほかの山小屋でも朝食や昼のお弁当にパンを出すところもあるが、しらびそ小屋のパン食歴はそれよりもずっと昔、15年も前から。

朝、しらびそ小屋の土間にドンと据えられた薪ストーブの火が真っ赤に燃えて、小さな小屋の空気を暖めている。バチバチと薪のはぜる音に吸い寄せられるように、起きたての、うつろな目をした宿泊客が、ストーブを囲むテーブルに集まってきた。山小屋のご主人・今井行雄さんは、目の前で朝食用の食パンを薪ストーブの黒い鉄板の上に並べていく。四角をさらに半分に切った長方形の食パン。驚くのはその厚さだ。3cmはあるだろうか、喫茶店のモーニングのトースト、あれである。「これくらい厚くないとおいしくないよね、トーストは」と言って、しばらくしてから「そうか。家のトースターじゃあ、この厚さは入らないか」。今井さんはおかしそうにつぶやいた。

ときどき裏返して焼き色を確認する。パンをパタパタと返す手つきは、まるで、トランプでもひっくり返すように軽やか。うっすら焦げ目のついたパンにバターを

パンをサーブするのに使っている籠。飴色になっていい感じ

塊ごとゴシゴシとこすりつけて、サーブ用の籐の籠へ。

「でもパンより、ごはんのほうがいいって言う人も多いよ。山に登るから、パンだと腹持ちがよくないって」

しらびそ小屋は、稲子湯《いなご》から北八ヶ岳の天狗岳《てんぐ》などへのアプローチ途中にある山小屋だ。ここで1泊して、翌日山頂をめざす登山者も多いから、パンだと体に力が入らない、そういう人もいるのだろう。

とはいえ、宿泊客の数が片手を超えると小さい山小屋の少ない人手では、朝からパンをていねいに切って、ストーブで焼いて……というのんびりした時間はない。だから、パンの朝食は宿泊客が少ないとき、今井さんが食べたいときにだけ登場する、ときたまのメニューなのである。

「昔っから、パンや麺類が好き。若いとき、東京で食べたコッペパンがおいしかったねえ。こんなに大きくて、ジャムつけて、そればっかり食べてた」

今井さんの「こんなに」のコッペパンは、ラグビーボールぐらいあって、いくらなんでも大げさなと思いながらも、当時どれだけコッペパンに夢中になって食べていたのかが、両手の示す大きさからうかがえる。その後、しらびそ小屋に入ってか

年季の入ったやかんのふたのつまみは、なんと！木の枝

らも、今井さんのパン好きは変わらない。

30年も昔。登山者はザックにフランスパンを差して山に来ていたそうだ。

「フランスパンがめずらしくって、おにぎりとよく交換してもらってたよ」

時は流れて、もうフランスパンを差した登山者はいなくなったけれど、そのかわり、今井さんは自宅の近所においしいパン屋さんを見つけた。

そして「あまりにおいしかったので、ちょっと山の食事に出してみた」のが、しらびそ小屋にパンが登場した経緯。


こんがり焼けたトーストのおかずは、目玉焼きにウインナーソーセージ、地元の野菜にりんごなど。トーストにつける自家製のスモモやプルーンのジャムも、そっと添えられる。

「冬は野菜をゆでて出すかな。寒いのに冷たいものは食べたくないでしょ」と、この日は、さっとゆでたキャベツが、お皿の上で湯気を立てていた。

「料理は家が農家だったから、小さい頃から作ってた。教わったことはないなあ。昔はなんでも見て覚えたから」

山小屋の雑事の合間に、いろいろと料理を作ることが多いという。左の写真の「いもだんご」も、そのなかで生まれた。宿泊客が北海道旅行で食べた「いもだんご」の話を聞いて、今井さん流にアレンジしたもの。

けれどこの「いもだんご」は、残念ながら朝食には登場しない。宿泊客だけが味わえる、今井さんが気が向いたときに、材料があったときに作る、ときたまの夕食メニューなのである。

北海道の味がここ、北八ヶ岳で味わえる

しらびそ小屋

ＴＥＬ　０２６７－96－２１６５

営業期間　通年

宿泊料金　１泊２食つき８３００円　素泊まり５３００円（暖房費別）

アクセス　ＪＲ小海線小海駅および松原湖駅から小梅町営バスで約35分、稲子湯下車、徒歩約２時間30分。

※現在、トーストは宿泊者のみ、先着10名の予約限定で提供している。

みどり池のほとり、木々にかこまれた森のなかに立つしらびそ小屋。ストーブに薪をくべて、今日も静かに登山者を迎えます

那須連峰

三斗小屋温泉
大黒屋の夕食

エプロン3人組による、お膳とお櫃の夕食はいぶし銀の味。静寂に包まれた山深き温泉宿。

開業当時から使われている味噌桶。いまだ現役で、活躍中

那須《なす》連峰の稜線から、強風に押されるようにして沢筋の道に入っていく。ときどき、ぐおおおおと上空で響く音が、茶臼岳《ちゃうすだけ》の噴気孔からのものなのか、飛行機の爆音なのか。ダケカンバやミズナラに囲まれた登山道にいるとそれは、はっきりとしない。

めざすは三斗《さんと》小屋温泉大黒屋《だいこくや》。まるで由緒正しき温泉旅館のような名前だけれど、しっかりと山のなかを歩かなくてはたどりつかないのだから、これはやはり由緒正しき山小屋なのである。

「お世話になります」。大黒屋の入口で声をかけると、調理場からエプロン姿の男性が現われて、「ちょっと待ってくださいね」と言って調理場に引っ込む。また別のエプロン姿の男性が顔を出す、再び引っ込む。どのひとがご主人？　狐につままれた気分でいると、「どうも、どうも」と3人目のエプロン姿の男性、いや、ご主人の高根沢大蔵《たかねざわだいぞう》さんのご登場。

ちょうど夕食間近で、3人のエプロンおじさんは仕度の最中。調味料やら鍋やらのモノが雑然と置かれた調理場は広く、床も柱もツルツルと磨きあげられて、木目が見えないほどである。

おぼえ
右上
右下
左上
左下

エプロン3人組のなご
やかな夕食作りの風景

「ここは明治2年に建てられたから、もう150年？　ん？　140年になるのかな」

正しくは145年だが、100年以上過ぎれば10年も1年も大差ナシといったふうで、大黒屋5代目主人の高根沢さんは天ぷら鍋を火にかけた。手もとには小麦粉をまぶしたカレイが並んでいる。

「もう少しすればフキやウド、タケノコなどの山菜もあるけれど」

さすがは山小屋、地物ですねと感心していると、含み笑いを浮かべながら「まあ、山菜が好きな料理人がいるときにはよくお膳に並ぶけれどね」と高根沢さん。横でうんうんとうなずくおふたりさん。さらに、「料理人によってメニューが変わるから、特別これっていうものはないねえ。強いて言えば、手作りってところかな」。ほんとだね、はははははは。と笑うエプロン3人組だった。山菜はそれなりの量を採るにも、調理するにも労力がかかる。なかなかそこまで手が回らないということだろうか。それにしても、揚げ物をしたり、野菜を切ったり、料理を盛りつける男3人の手際はかなりよい。

そして、忘れてならないのが、三斗小屋温泉大黒屋といえばお膳での食事。おかずが一品ずつお皿に盛りつけられたお膳と、お櫃に入ったごはんが、朝と夕と各部

カラマツの黄葉に包まれた三斗小屋温泉大黒屋

（左上から時計回りに）季節の果物をそえて。春はイチゴ。栃木だから「とちおとめ」。タケノコの煮物。木の芽がいい香り。大黒屋付近でもタケノコは採れるので、タイミングが合えば地物がいただける。ご主人の高根沢さんが揚げていたカレイのから揚げには、ほんのりと甘いカレーソースがかかっていた。お味噌汁はふたつきのお椀で。ほうれん草のおひたしには削りたてのかつおぶし。高根沢さんが漬けたたくあん。毎年小屋締めのあとに漬けるという。お櫃のごはんは、ほのかに木の香りがする。甘辛く煮つけた魚にも、木の芽が添えてあった。

大黒屋

屋に運ばれる。

このお膳とお櫃が調理場の奥に積まれていた。お膳は100膳、お櫃は30〜40台だという。数もすごいがどれも使い込まれた年代もの。お櫃は角がとれてしっくりと手になじみ、会津から取り寄せたというお膳はところどころかけているけど、塗りはつややかだ。

「こういうのも昨日、今日できたものじゃないから」と高根沢さんはサラっというが、ここにあるお膳は昨日、今日どころではなく、古いものでは開業当時からのものだというのだから、丸いビールコップの跡（と思う）も、なんだか風格に満ちている。

それにしても、ほかの山小屋のように食堂で、しかも大テーブルで一度に食事したほうが片づける手間はかからないのではと尋ねると、「やったこともあるけれど、手間はたいして変わらない。お膳だと食べたらそのまま下げられるし、ラクだね」とサラリ。その口調は歴史を守るとかこだわりとかではなくて、やり続けたことがいちばんやりやすかっただけと、いたってふつう。

いよいよ夕飯の時間。「お持ちしました」と運ばれたお膳とお櫃。とうぜん正座して食べるのだが、この日は雪と雨と風で、部屋でもこたつから出られないでいた。とりあえずお櫃からごはんをよそい、迷った末にお膳をこたつにのせると、目線におかず。わかってはいたが無理がある。寒さには勝てず、この晩はこたつテーブルにおかずを並べて、夕飯をいただいた。

三斗小屋温泉大黒屋
TEL　090-1045-4933　0287-63-2988（案内所）
営業期間　4月中旬〜11月末（要確認）
宿泊料金　1泊2食つき9500円
アクセス　JR東北本線黒磯駅から東野交通バスで1時間、那須ロープウェイ下車、峰ノ茶屋跡経由で徒歩約2時間。

奥高尾　陣馬山〜景信山

清水茶屋のけんちん汁
かげ信小屋のけんちんうどん

自家製野菜のやさしい味と透明な空気。
何度も訪れたくなる山の茶屋で
お気に入りの休日を。

具だくさんのけんちん汁。
じつはうどんを入れて、け
んちんうどんにも

かげ信小屋のけんちんうどん。自家製野菜は風味よく、彩り香りのゆずも青木さんちの庭の木から

大根、にんじん、ごぼう、さといもなどのポクポク根菜類に、ほろっとくずれた豆腐が入ったけんちん汁。

このけんちん汁を名物にしている山小屋がある。都民の憩いの山・高尾《たかお》山の奥に位置する陣馬《じんば》山は清水《しみず》茶屋。そしてもうひとつ。陣馬山から稜線続きの景信《かげのぶ》山にあるかげ信小屋は、けんちん汁にうどんを加えたけんちんうどんが自慢の一品。どちらも1000mに満たない低山の、山小屋というよりは山のお食事処・茶屋の〝けんちん〟をめぐる、日帰り奥高尾けんちん街道へ、いざ。

久しぶりの陣馬山。山頂の白馬は空に向かって長い首を反り返らせている。どこの茶屋も、ビール、おそば、うどん、おでん、ゆずワイン（地元特産品）の文字であふれていた。おめあてのけんちん汁の文字は……ありました、清水茶屋。

清水茶屋の名物おかあさんは清水辰江さん。昭和41年に始めた清水茶屋を守り続けてきたそのひとは、清水茶屋けんちん汁の生みの親でもあった。

「けんちん汁は私が好きだから家でよく作っていたの。自分でもおいしいなあと思って山で出してみたら好評だったの」。それが昭和51年ころのこと。

陣馬山山頂直下に立つ清水茶屋

清水辰江さん。清水茶屋の看板娘

辰江さんの自宅は麓の集落で雑貨店を営んでいた。けんちん汁はお店で仕入れた食材で作るから、具はその時によっていろいろ。春は山菜、秋はきのこなど、季節の味が入ることもあるという。この日は、にんじん、大根、さといも、ごぼう、さつま揚げ、こんにゃくにヒラタケ。どれも大ぶりに切られた具はどんぶりからあふれんばかりで、だしをとった煮干しと昆布の千切りも入っている。けんちん汁は醤油味と思っていたら、清水茶屋のは味噌味だという。たくさんの具としっかりしただしの味で、味噌の味は感じなかったけれど。

じつは10年前に辰江さんが脳梗塞で倒れてからは、甥の正文さんが名物の味を守り、けんちんの材料は自宅で辰江さんが切り続けていた。味は変わらないですか？と尋ねると、「まったくおんなじ。私の作ったのといっしょ」と辰江さんは満足そうに目を細める。

近頃では調子のいいときは山に登れるまでに回復した。もちろん、単独行。「10年かかってようやく。ふつうなら歩くことも大変だろうけど、山にずっと登ってたのがよかったんだねえ」。本日も無事登頂。ピンク色の口紅をぬり、エプロンを着ければ看板娘のできあがり。登山客にニッコリ笑顔で「いらっしゃい」。

山の上のオープンカフェは青い空と眺めが自慢。景信山山頂にて

さて、陣馬山の清水茶屋を後にして、けんちん街道を東へ歩くこと約2時間で景信山のかげ信小屋に到着した。清水茶屋で食べたけんちん汁も、2時間ですっかり消化したようで、あたりに漂う揚げ物のいいにおいにお腹がしっかり反応する。

小屋は遅めのお昼を楽しむ登山客でにぎわっていた。さきほどのいいにおいの正体は天ぷらで、長いもやしいたけ、葉野菜が次々と揚げられていく。

「うちのは全部自家製の野菜。まんじゅうも自分ちで作ったのを蒸してるんだよ」とご主人の青木公男さんが湯気を立てている鍋のふたをとると、つやつやのまんじゅうが現われた。

「お客さんが山でけんちん汁が食べたいっていうから」

上品なお椀に盛られたけんちんうどん。うどんはシコシコと醤油味。野菜は薄切りで、とくに、ごぼうはきちんとごぼう独特の香りを放っていた。

平成19年2月から、ご主人が体調をくずし、畑仕事ができなくなったため、けんちん汁はおやすみしている。「ゴボウができなくて。どうしても自分でつくった野菜で作りたくてねえ」。体調の回復と、けんちん汁再開を願っています……。

日が傾く頃、ふくれたお腹をさすりさすり、けんちん街道を小仏《こぼとけ》へと下る。山よりだんご、じゃないけれど、おいしい低山は気をつけないと太っちゃうなあ。まんじゅうのぬくもりを背中に感じながら、ちょっとだけ心配になった。

清水茶屋
ＴＥＬ　０４２・６８７・２１５５
営業期間　通年　9時〜16時
アクセス　ＪＲ中央本線高尾駅から西東京バスで約40分、陣馬高原下下車、徒歩約1時間30分。清水茶屋からかげ信小屋へは徒歩約2時間。
※けんちん汁は５５０円。

かげ信小屋
ＴＥＬ　０４２・６６１・２０５７
営業期間　通年の土・休日　9時〜15時
アクセス　ＪＲ中央本線高尾駅から京王バスで約20分、小仏下車、徒歩約1時間15分。
※現在はけんちんうどんは販売していない。なめこ汁２５０円、野草の天ぷら３００円などが人気。

丹沢　鍋割山

鍋割山荘

鍋焼きうどん

ご主人の人柄がつまったアツアツうどん。
とろーり半熟卵をからめてどうぞ。
目の前には、美しい富士山が。

お待ちかねのごはんタイム。「これを食べるために登ってきたからね」

立ち上る湯気を抱え込むようにアツアツをすする。寒い山の上でのよろこびの瞬間

ぐつぐつ……。あたりには
つゆのいい香りが漂って

鍋割山《なべわり》への道は薄く雪におおわれていた。早朝、平日にもかかわらず登山者が歩いてくる。「今日は鍋割まで？」があいさつ代りで、鍋割まで？という言い方には、ちょっと近くのスーパーにでも行くような気軽さがあった。鍋割まで鍋焼きうどんを、と言いたいところだが、まだ一度も食べたことがない。その名は知られた鍋割山荘の鍋焼きうどん。きっとこのひとたちも体験済みの人気の味を、ちょっと味わいに行くのです。

ちょっとのつもりがいくつもの小さな偽ピークにだまされて、ようやく鍋割山荘の前に立つ。入口にある白い看板には黒い文字のメニューが並ぶ。鍋割山荘のご主人・草野延孝《のぶたか》さんは奥でコーヒーを入れていた。「お疲れさま。まずはストーブで温まって」と指をさす薪ストーブの隣には、正月の名残の樽酒が大きな顔をして居座っている。壁に貼られた新聞記事の中では、頭から飛び出た荷物を担ぐ草野さんが笑っていた。

奥の調理場に案内される。天井からフライパンや中華鍋ややかんがぶら下がり、金物屋みたいだ。高く積まれたビールのケース、缶詰、乾物、調味料や食器、卓上コンロのガス缶が一角を陣取っている。梅酒も草野さんが漬けたもので、ラベル代わりのガムテープに「H13年」と書いてある。これだけあれば1年くらいはここで暮らせそう。草野さんの苦労もコロッと忘れて、不謹慎にも顔がニヤける。

「ひとりだと小屋の雑用で忙しいから、家で準備してくるんですよ」と大きな冷蔵庫から取り出した袋の中身はカチカチに凍った天ぷらだった。ほかにもカットされた食材の袋がいっぱい。

「以前はここでも揚げていたんだけど、油の処理も大変だからね」。それにしてもうまい。いや、まだ食べていないので見た目のことだが、天ぷらは、衣が全体にしっかりとついて美しい扇形だった。形でかぼちゃだとわかる。丸いのは穴が見えるから、れんこん。

「天ぷらは温度が大事。衣をつけて油のなかに入れたらジュウって音がするでしょ。ジュじゃなくて、ジュウ。材料を一度にたくさん入れると油の温度が下がるからカラっと揚がらない。少しずつ入れて温度が下がらないように」。ジュじゃなくてジュウ、呪文のように草野さんはこれを繰り返す。そこへ白い息をまとった登山者が入ってきた。

「鍋焼きひとつお願い」

「忙しくて最近なかなか焼けない」という草野さんの奥様お手製のチーズケーキ

鍋焼きうどん用の土鍋はガス台の奥の棚に重ねてあった。40個の、土鍋だけの特等席。つやつやしているのは出番が多い証拠。草野さんは土鍋を並べてうどんの麺を入れた。上に油あげ、ねぎ、しいたけ、なめこ、しめじ、ほうれんそう、なると、そして天ぷら。具だくさんの鍋焼きうどんは見た目も重要で、草野さんいわく「すべての材料が見えるように並べる」こと。

鍋焼きセットが完成したら、麺つゆと湯を注ぐ。これがまったくの目分量。「味は色でわかるから。濃いなと思ったらお湯で薄めて、薄けりゃつゆを足せば大丈夫」。さすが鍋焼きうどんを作り続けて29年。

そう、29年前。草野さんは鍋割山荘を引き継いだ。食事のメニューを考えたとき「ラーメンとうどんを出そう」、そう決めた。ただの思いつきで、この二品に深い理由はないという。鍋割山だから鍋焼きうどんなのだろうか。

「よくそう聞かれるけど、見栄えがいいから土鍋にしただけ」。名物の誕生はいたってシンプルだった。多いときには1日100食出たという鍋焼きうどん。

「最近は宿泊客より日帰りの登山客が多いから、この小屋は鍋焼きうどんでもっているようなものだね」と言って草野さんは玉子をひとつ手にとった。話しながらも手は迷うことなく鍋焼きを仕上げていく。グツグツいう鍋に玉子を割り入れて、再びふたをした。

「この玉子だって、毎週近所にある4軒のスーパーを自分で回って買い物しているから、どこが安いかちゃんとわかっているしね。うまくやりくりしないと小さな山小屋はホント大変」。玉子やかぼちゃを求めて4軒のスーパーを奔走する草野さんの姿が目に浮かんだ。

主婦みたいですね、そう言うと、

「普通の主婦より主婦だよ、僕は」とたくましいやりくり主婦は笑った。そして頃合いをみてガスの火を止めた。

「鍋焼きうどんできましたよー」

草野さんの呼び声に、うつむいて雑誌をめくっていたひとの反応はすばやい。雑誌をもどすのももどかしく土鍋の盆を受けとると、いそいそとテーブルにもどり、湯気に顔を突っ込むようにしてうどんを食べはじめた。

私たちの鍋焼きうどんも出来あがった。ふたをとると一瞬視界がかすみ、ややあってほうれんそうの緑、なめこの茶、なるとのピンクの渦巻きが湯気の中から現

冬、雪化粧した鍋割山荘

われた。箸を入れると、天ぷらの衣とうどんは汁を含んで玉子の白身と絡みあっている。レンゲでつゆをすする。目分量のつゆはちょうどよい味だった。この小さな鍋には草野さんの人柄が凝縮されている、そんな気がした。とろっとした半熟の黄身にからまったうどんをすすりつつ。

ところで時期を同じくして登場したラーメンのこと。100食出るうどんに対してわずか3食と奮わず、名物の陰に潜むようにして、7年前に姿を消してしまった。

鍋割山荘
TEL　090‐3109‐3737
営業期間　通年（事前に電話で確認のこと）
宿泊料金　1泊2食つき6500円　素泊まり4500円
アクセス　小田急線渋沢駅から神奈川中央交通バスで約15分、大倉下車、後沢乗越経由で徒歩約3時間45分。
※鍋焼きうどんは1000円。

丹沢はシカが多いことでも有名。歩いていると鳴き声が聞こえてくる。雪の斜面を駆け下りてきた小ジカに遭遇

5月下旬ころの北アルプス・上高地。白いニリンソウが林床を彩る美しい時期

「北アルプス　上高地明神池畔」

嘉門次小屋

イワナ骨酒

上高地の清水でおいしくなった
イワナを食し、囲炉裏端で、
骨酒に酔う。

イワナ骨酒用のどんぶりで、たっぷり２合

イワナを焼くのに30分かかる。七分目まで火を通し、注文を受けてから、もう一度焼く

囲炉裏の火を取り囲むように、串をうたれたイワナが並んでいる。裂かれた腹、ちりちりと焼かれた皮のこげめ、薪から出る赤い火。これぞまさしく「囲炉裏で焼かれる魚」の図であり、こんなに美しく焼かれているイワナ、いや魚を見るのは初めてだったので、ただただ息をひそめて、見入ってしまう。

嘉門次《かもんじ》小屋の、囲炉裏部屋の扉は開け放たれているのに、ほんのり薄暗い。それはイワナを焼く煙なのか、建物の古さからなのか。黒い柱、飴色の壁。北アルプスの名案内人といわれた上條《かみじょう》嘉門次が暮らしていたときは、どんな感じだったのだろうかと、思いめぐらせてみる。

壁にかかったメニューに、目が留まる。イワナ塩焼、イワナ塩焼定食、イワナ骨酒など、イワナのメニューが多いのは、イワナの嘉門次小屋たる所以。今回ここを訪れたのは、イワナ骨酒が目的だった。

骨酒だから、骨を焼いたものが入っているのだろうか。

「いいえ、燻製したイワナに、燗したお酒を注いだものです」と、嘉門次小屋のおかみさん・上條久枝さんはやんわりと否定する。

「お見せしましょうか」。そう言って久枝さんがひょいと手のひらに載せてくれた

山から下りて、ここでイワナを味わう楽しみ。ひざを立てて、豪快に骨酒を飲む

塩の化粧をしたイワナ塩焼き。塩がまんべんなく振られた姿に、うっとり。食べるのが、惜しいくらい

のは、真っ黒いイワナ1匹。その手ざわり、重さは、まるで木彫りのイワナ。どうしていいかわからず、手の上でしばらく眺めたあと、カメラマンの寺澤さんに渡した。寺澤さんも「すごいね」とひとことだけ言って、レンズを向けた。

「それまでは、骨を焼いてみたりして、自分たちでいろいろ試してみたんですけどね。ちょっと燻製にしたらおいしいんじゃないかと思って、やってみたら意外とおいしかったんですよ」

こうしてイワナ骨酒が誕生した。それは今から15～16年くらい前のこと。

イワナの燻製の作り方は、「焼いたイワナを、囲炉裏の火の上にあるステンレス製の籠に入れて、2～3日くらい燻すだけ」と、いたってシンプル。その燻製用のステンレス製の籠も、イワナに負けず真っ黒で、薄暗い山小屋の風景に、すっかり溶け込んでいた。

あの真っ黒なイワナは、どんな味がするのだろうか。実際に骨酒を飲んでみることにした。「お燗、お願いね」と調理場に久枝さんが声をかける。「塩焼きもどうぞ」と言ってくださる。

先ほどから囲炉裏では、頭に手ぬぐいを巻き、作務衣を着たひとが、座っていた。

手の動き、並べられ焼かれて
いくイワナ、どれもが美しい

軍手をはめた右手が、ゆっくりと、イワナの向きをかえていく。

なんだか目がしょぼしょぼしてきた。

「あれ、煙たいんですか？」と軍手のひとは聞いてきた。煙たくないですか、と聞き返せば、「もう、慣れました」と笑う。軍手のひとは、佐藤真也さん、27歳。

山が好きで、嘉門次小屋で働きたくて、ここに来たのが23歳のとき。とくに、イワナを焼くことを志願してきたわけではなかったけれど、山小屋に入った日に「今日からお前はイワナ番だぞ」とご主人からひと言、命じられたのだそうだ。23歳の若者は、その日から4年間、こうしてイワナを焼いている。

初めは、イワナがぬるぬるして捕まえることもできなかったという佐藤さんも、多い日は1日400～500匹焼き続けるというのだから、煙に慣れてしまうのも当然であった。

イワナを焼く時に大変なことは？と尋ねると、「火力を維持することですかね」と答えた。嘉門次小屋秘伝の火加減というものがあるのかもしれない。一日中つきっきりの作業である。

「もう右手がイワナ臭いんですよ」と軍手を向けるけれど、まさかにおいを嗅ぐわけにはいかない。

車が山小屋の前に止まった。外に出てみると、小屋の前の川につけられた大きなホース（のようなもの）から、黒いものが、ドドドドーと川の中に落ちていくのが見えた。イワナだった。

嘉門次小屋では、木曽御嶽《きそおんたけ》麓の養魚場のイワナを出している。運ばれてきた御嶽産イワナを、小屋の前を流れる小さな川の生簀《いけす》に入れていたのである。

イワナは川の上流に棲む魚だ。養殖でも、この冷たい川水に2～3日泳がせることで、天然のイワナに近い状態になるという。さらに養魚場からここへ運ぶ2～3日前からは、エサは与えず、川の生簀に放したあとも自然のまま。

「そうすることで、お腹の中がきれいになるので、うちのイワナは内臓も食べられるんですよ」

冷たい水温と流れが魔法をかけて、イワナをおいしくするのかもしれない。この魔法の川の名は宮川という。

「500mしかない川で、水温も一年中5～6度。うちではビールもこの川の水で冷やしています」

清冽な水の流れ、まばゆい
新緑……春は上高地散策に
最高の季節

さらに、この宮川の水源は竜ヶ池という池なのだと、久枝さんは言った。見たことありますか?と聞くと、「いいえ」との返事。ご主人によると、竜ヶ池は、宮川の水源より500mほど高いところにある細長い池で、山際からボコボコ水が湧き出しているのだそう。

さて、骨酒が運ばれてきた。どん、と置かれた骨酒用どんぶりは、ご主人の知り合いの陶芸家に作ってもらったものだそうだ。中に横たわる黒いイワナに熱燗が注がれる。「5~6分待ってください」と言われたので、おとなしく待つ。においだけでもと、鼻を近づけると、ふわっと、燻製のにおいがした。おそるおそる口をつける。見た目とは大違いで、生臭くない。塩焼きも運ばれてきた。塩の振りがきれいだ。頭も、腹も、丸ごと食べる。初めてイワナがおいしいと思った。

「遠くからも、イワナを食べに、ここへ寄るっていうひともいるんですよ」と言う久枝さんの言葉に、納得した。

囲炉裏端からにぎやかな声が聞こえてきた。登山を終えたご婦人方が、イワナ料理に舌鼓を打っている。佐藤さんの軍手も、忙しく囲炉裏端で動いている。

嘉門次小屋
ＴＥＬ　０２６３‐95‐２４１８
営業期間　４月末〜11月中旬（要確認）
宿泊料金　１泊２食つき８０００円　素泊まり６０００円
アクセス　ＪＲ中央本線松本駅から松本電鉄で約30分、新島々駅へ。新島々駅からアルピコ交通バスで約１時間５分、上高地バスターミナル下車、徒歩約１時間。
※イワナの骨酒は２０００円、イワナの塩焼き１０００円。

北アルプス　徳沢

徳澤園
ラーメン

あなどるなかれ、本格ラーメン。
自家製チャーシュー、こだわりのスープ。
じんわり、やさしいおかあさんの味。

チャーシューもスープも自家製の徳澤園のラーメン。900円。秋限定の味です

徳澤園の喫茶売店。おいしいコーヒーなどで休憩するひとも多い。

徳沢《とくさわ》と聞いて目に浮かぶのは、あの広い草地のキャンプ場だ。ハルニレの樹に囲まれてテント泊、または休憩中の登山者がくつろぐ姿がある。そして、奥に見える重厚な建物の山小屋、そこが徳澤園だ。

徳澤園といえば、ソフトクリームが有名だ。キャンプ場はかつて牧場だったという。あの草地を牛がのそのそと歩き、草を食んでいたのは、遠い昔の話。それとは関係ないけれど、徳澤園のソフトクリームは、味が濃厚でとってもおいしい。

しかしそれは夏のみの販売で、紅葉のシーズンになると、メニューからはすうっと、消えてなくなってしまう。そのかわり秋、9月上旬~中旬に登場する食べものがある。それがラーメンなのである。

ラーメンが季節商品というのは意外であった。季節問わず山小屋のメニューにはあるもので、カレー、そば、ラーメンはどこにでもある山小屋三大メニューと勝手に思っていた。

「夏は、翌日にはスープがダメになってしまうんですよ」と徳澤園の奥さん・上《かみ》條《じょう》留美子さんは、季節限定の理由を教えてくれた。

夏は食べものの足がはやい。けれど、涼しい山では無縁のこととばかり思ってい

麺は台の上で空気を含めるように、よくほぐす

自家製チャーシュー。これだけでも、ツマミになりそう

たのだが、これまた勝手な思いこみで、山のなかだって暑ければ食べものは当然いたむ。徳澤園のラーメンのスープは手作り。なので、秋限定となっている。

徳澤園の調理場では、胸の近くまである寸胴鍋に向かい合う、留美子さんの姿があった。

「ちょうど昨日、スープを作ったところだったんですよ」と言って、鍋の中のものをお玉ですくって見せてくれる。たまねぎ、豚肉、鶏肉などが、塊で顔を出す。スープは火にかけられて、フツフツと、まだまだ材料のおいしいエキスが抽出されているようだ。

「うちのスープはコラーゲンがたっぷり入っているから、全部飲まないとね」

コラーゲンかあ……。日に焼けたカサカサの肌。悲鳴をあげているヒザ。ふと、わが身をかえりみる。

次にチャーシューを切る。これも自家製である。醤油がしっかりと染み込んだ豚肉の表面。やわらかそうなのが包丁の入り具合でわかる。表面の醤油色とは違い、中は薄いピンク色。肉の塊がスライスされていく。麺は北海道の製麺所から取り寄せているという。やや縮れた麺で、調理台に重ねられた箱の中で出番を待つ。お昼前、徳沢に登山者が到着するころあいを考えて、準備をしておく。そこに「ラーメンひとつ」と、注文が入った。

麺をひと玉取り出すと、留美子さんは麺を台に打ちつけて、もみだした。こうすると、麺に腰が出るのだという。麺をぐらぐらと湯が沸く鍋の中へ。麺は湯の中でふわっとほどける。と同時に中華鍋では具となるもやし、キャベツ、ニンジンを炒める。次にどんぶりを出して、にんにくとネギの刻んだものをパラリ。そして、味の決め手となる醤油ベースの自家製タレが入った。

徳澤園のラーメンは、醤油と味噌のふたつの味がある。どっちにしようかと迷っていたが、「うちのスープは、醤油によく合うんですよ」と言う留美子さんのひと言で、心が決まった。

麺がゆであがると、しっかり湯を切ってどんぶりに、そして手作りのスープを注ぎ、炒めた野菜とチャーシューと、彩りのカニカマと海苔をのせた。

ラーメンができあがるとすかさずお盆にのせられて、湯気を立てたあつあつが運ばれてゆく。

「できたら、すぐに運ぶ」が鉄則。急げや、急げ！ラーメンは時間との勝負なり

「温かいうちに運ばないとね。ラーメンはすぐにのびるから」

それに、今は秋。天気がよくても、ここは山のなかだから気温は低い。スープが冷めてしまったのではそれはもう、ラーメン、とはいえない。

ではさっそく、こちらも季節限定のラーメンを注文する。心に決めた醤油味。運ばれてくると同時に、熱いスープをすする。コラーゲンたっぷりのスープは、意外にもあっさりしていた。でも、しっかり出汁の味がする。そして留美子さんが言うように、スープは醤油の味とよく合っていた。

それこそ、ラーメンという食べものは、街にはたくさんあふれている。ひとくちめから「おいしい」と思わせる濃い味つけも多い。街の味に慣れているひとには、徳澤園のスープはやや物足りなく感じるかもしれない。けれど、飲むごとにひとくち、もうひとくち。じんわりとした出汁の味に誘われるままに、全部飲み切ってしまう。そういう味だった。チャーシューも、思ったとおりにやわらかく、時間を計ってゆでられた麺も、しっこりとして、おいしい。

満腹のお腹をさすりながら、ぼんやりと短冊に書かれたメニューを眺める。野沢菜チャーハン、８００円。野沢菜といえば、長野県の名物だ。

かつて牧場だった徳沢の
キャンプ場。北アルプスを
眺めながら、おいしい山ご
はんをどうぞ

「野沢菜も自家製なんですよ」とは言っても、もちろんここ徳沢で栽培しているのではない。自家菜園で丹精した野沢菜をここまで運び、11月の小屋閉めのときに漬け込む。そして翌年の春、ひと冬越した野沢菜漬けがおいしくできあがっているか、どうか。それが小屋開けのときの楽しみだと留美子さんは話す。

ほかに畑では、かぼちゃや夕顔なども作り、味噌も自家製。さらにメニューには、地元の豆腐屋さんのお豆腐、そこのおからで作った卯の花もあった。

そういえば、調理場にはひじきの煮たのが別鍋にあったのを思い出した。ボールには水につかった乾物。

「旅行したときに各地でおいしいものを見つけると、それを山の食事に出せないかな、といつも考えるんですよ」

たとえば、青森の固ゆでのホタテ。九州の天日干しのひじき、など。

山のなかだけれど、できるだけ材料にこだわった留美子さんお手製の、おふくろ的惣菜も、ここ徳澤園では味わえる。

結局、野沢菜チャーハンも平らげてしまった。ラーメン&チャーハンの贅沢な昼食だった。もう、動きたくない。このまま草地のキャンプ場で、牛のように、のそのそしていたい。思えば上高地からまだ2時間しか歩いていなかった。これから先、道程はまだまだ長い。ザックよりも重くなったお腹を抱えて、紅葉の待つ涸沢《からさわ》、穂《ほ》高《たか》、そして槍ヶ岳へ。うしろ髪を引かれつつ、徳沢を後にした。

氷壁の宿　徳澤園
TEL　0263・95・2508
営業期間　4月下旬〜11月上旬
宿泊料金　1泊2食つき相部屋1万2000円　2名1室1万6500円〜
アクセス　JR中央本線松本駅から松本電鉄で約30分、新島々駅へ。新島々駅からアルピコ交通バスで約1時間5分、上高地バスターミナル下車、徒歩約2時間。

※現在もラーメン900円、野沢菜チャーハン800円。

北八ヶ岳

黒百合ヒュッテ

手前味噌

毎年仕込む自家製味噌は、
縁起かつぎの家族行事。
1年寝かせて山小屋の味噌汁に。

ヒュッテは天狗岳登山の要所にあります

色が濃くなるほどに味噌が熟れて、味がしっかりしてくる

黒百合《くろゆり》ヒュッテでは、毎年自宅で味噌造りをしている。それを知ったのは今年の正月をヒュッテで迎えたときのことだった。夕食後に年越しのそばが振る舞われた。そばが（とくにおつゆが）やたらにおいしくて、何度となくおかわりをした。

厨房ではご主人の米川岳樹《よねかわたけき》さんはじめ、小屋のスタッフが翌日の食事の準備に追われていた。大鍋からは湯気が立ち、出汁のにおいが立ち込めている。いろいろ手間がかかってるんだなあ。このときは年末年始ということもあり、ふだんと食事のメニューは違っていた。

きっとなにかあるはず……と、くいしんぼうの直感が働く。そばをゆでるのに忙しい岳樹さんに尋ねてみると、

「いつものおかずは惣菜みたいなものですけど、全部手作りですよ」

いやいや。まだなにかあるのでは？

「あと、お味噌は自分のところで作っていますね」

そういった岳樹さんの得意そうな顔。米川家の自慢の味噌なのだろう。これだ。酔いのずうずうしさも手伝って、さっそく見学をお願いした。ただし味噌を造るのは5月の中旬ごろというから、だいぶ先の話だけど。

それから待つこと4カ月。味噌造り当日は、朝からあいにくの雨模様。米川宅に到着すると、「降っちゃいましたねぇ」と岳樹さんが残念そうに迎えてくれた。風呂上がりのつるりとした顔をしている。味噌造りのために、山小屋からもどってきたばかりだという。

「味噌は納屋で造るから、雨でも大丈夫ですけどね」

米川家の味噌造りは日取りを大切にする。7月の土用の丑の日までの大安を選んで行なうのだそうだ。さらに、

「味噌の味がおかしいときは、気をつけないとよくないことが起こるっていわれてるんですよ」と岳樹さんのお母さまの啓子さんが教えてくれた。そうか、味噌は縁起ものなのか……。

「これから大豆を取りに行きますけど、いっしょに来られます?」

岳樹さんの車で向かった先は、近所の「玉屋豆腐店」(現在は閉店)。ここで味噌の原料となる大豆をゆでてつぶしておいてもらう。重ねられた箱の中にはミンチ状態の大豆が入っていた。ぷーんと豆くさいにおいが漂う。岳樹さんの奥さん貴子さんがひょいと大豆をつまみ食いする。おいしいですよ、というのでちょっとだけ口

玉屋豆腐店のお豆腐。おいしくて帰りに立ち寄っておみやげに購入しました

色白美人の玉屋豆腐店の奥さん

手前味噌をたっぷりのせて、
笑顔の正利さんです

に入れてみる。濃い豆の味がした。

雨は依然として止まない。車が自宅に到着すると、家の中から先代のご主人・正《まさ》利《とし》さんと、正利さんのお姉さんの上野かつ子さんが現われた。これで一家5人がそろい、いよいよ作業開始だ。

納屋の床にブルーシートを広げ、次々とさきほどの大豆が運ばれてくる。シートの上にはこんもり大豆の山ができた。そこに粗塩と糀を入れて、少しずつ大豆の煮汁を足しながら手でかき混ぜる。

「昔はもっと造る量も多かったから、大きな樽でわら靴を履いてつぶしていたんだけどねぇ」

正利さんがそう言うと、かつ子さんが懐かしそうに「味噌玉をつぶし合いしたりね。どろんこ遊びみたいよね」と受ける。味噌玉とはつぶした大豆を丸めたもので、昔はこの味噌玉を天井からつるしてカビをつけたのだという。今はだいぶ簡略化されたものの、それでも充分に楽しそうだった。参加したいなと思ったが、啓子さんの言葉が頭をよぎる。味がおかしくなったら大変、大変。味噌は縁起ものなのだから。

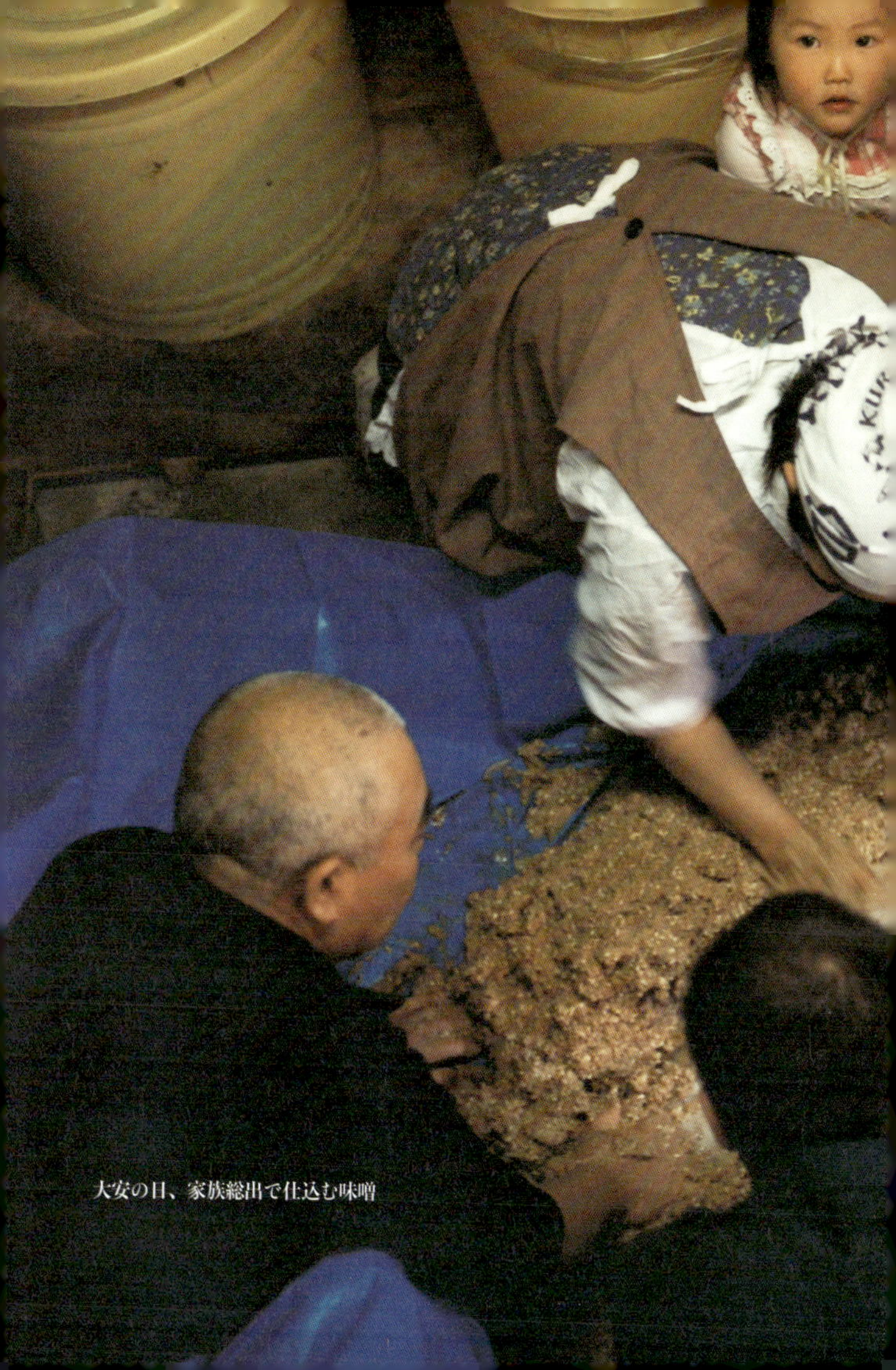

大安の日、家族総出で仕込む味噌

一瞬、みんなの動きが止まって静かになった。

「どう？」

「こんくらい？」

「ちょっと硬いかな」

まさに手探りの味噌造り。

「もう少しだな」

ここはやはり、長として正利さんが指示を出す。水を追加して混ぜてを繰り返したあと、樽に入れて空気にふれないよう密閉された。

作業が終わるとみんなの手や腕はどろだらけ、ではなくて味噌だらけ。そして岳樹さんの腕を見て、娘の真央ちゃんがひとこと言った。

「パパ、ばっちー」

「ばっちくないよー、味噌だよー」

ああ、お父さんかわいそう。同情しながらも、たしかに見た目は、ね。

さきほどの樽は、以前造った味噌樽といっしょに並べられた。お願いをしてほか

岳樹さんと娘の真央ちゃん。真央ちゃんの背丈ほどある味噌樽

「ママなにしてるの？」。真央ちゃんもやってみる？

の味噌も見せていただいた。03年、04年、05年とあって、年が遡るほどに色が濃い。順番になめてみると、古いほうが味噌らしい味がした。横で貴子さんはしょっぱい！と顔をしかめると、「うちの味噌は塩が多いのよ」と啓子さんが笑った。こんなふうに家族で造った味噌がいつも味わえるなんて、贅沢だな。

さて、今回造った味噌は1年寝かせて翌年には小屋に上げられ、さらに1年置いてから山小屋の味噌汁として登場する。これだけ手間をかけている味噌は味噌汁だけではもったいない。

そこで提案。「黒百合味噌」として、山小屋で販売するっていうのは、どうでしょうか？

黒百合ヒュッテ
TEL　090-2533-0620
営業期間　通年
宿泊料金　1泊2食つき8300円　素泊まり5300円（暖房費別）
アクセス　JR中央本線茅野駅からアルピコ交通バスで約50分、渋ノ湯下車、徒歩約2時間30分。

野菜も手前味噌で漬けています

大菩薩連嶺

丸川荘

とろろごはん

料理好きのご主人が作る
ふたつの味のとろろごはん。
かくし味は……、秘密です。

登山道の脇につけられた風車が風にのってくるくると回り、「丸川荘はすぐそこ」の合図を送る

早朝の雪で、山の木々がうっすら雪化粧をしました

「夕食はその日の宿泊客の人数によって変わるけど、朝食はだいたいとろろごはん。お米は宮城産のササニシキ、味噌は実家で造ったもの。とろろいもの味つけにちょっと工夫があるのね。それは……んー、秘密」。電話で話す丸川荘《まるかわ》のご主人・只木貞吉《ただきさだよし》さんの「秘密」の言葉に誘われて、大菩薩連嶺《だいぼさつれんれい》の丸川峠にやってきた。

峠に流れる風は、かすかに薪ストーブのにおいがする。平らな土地の真ん中に青いトタン屋根が見えた。

「とろろごはんになったのは、どうしてだったかな。特別理由もないけど、出してみたら好評だったのね。うちのは隠し味があって、それが入るから子どもさんは食べられないんだよね」

ひとの味覚はさまざま。そこで只木さんは、食べやすいとろろ味も考えた。

「だからうちのとろろは、クセのある和風味と食べやすい洋風味の二種類あるのね。どっちにする？」

どっちにするって言われても、どちらも気になる秘密の味なのだけれど。迷いに迷って、和風をお願いした。

薪ストーブの上の鍋はクツクツと煮込みの最中

手ぬぐいが凛々しいご主人の只木さん

調理場のガス台では、前の晩に研いだお米が入った鍋と、その横にあるもうひとつの小さな鍋が火にかけられ、パカパカとふたが音を立てている。煮立った湯の中には、しめじと茶色くぶわぶわと水分を含んだものが浮かんでいる。

「それは仙台麩ね。実家から送ってもらってるの。味噌汁の具には仙台麩がいいよ。煮込むといいダシがでるから」

宮城県産ササニシキ、仙台麩。このときやっと気がついたのだ、只木さんは宮城県のご出身だということを。

「そう。子どものころから食べているから、この味がいちばんおいしいんだよね。だから味噌も実家のもの」。それは電話で話していた手造り味噌。かめに入った味噌は粒がのこっていて、いわゆる仙台味噌ほど濃い色ではない。小さいころから慣れ親しんだ味を、遠く離れた地の山小屋で再現している。そして、煮込んで出汁の味を確認してから、「今のお客さんは、このつぶつぶを残しちゃうのね。本当はこさないほうがおいしいんだけど」と、味噌を網でこして入れていた。

ごはんも炊き上がり、じっくりと蒸らしている間に、とろろ作りにとりかかる。只木さんは、材料をひょいと発泡スチロールから出してきた。そういえば、この山

海苔は市販のもの。とろろごはんをくるっと巻いて。らっきょうも只木さんお手製。色は濃いが辛くなくておいしい。梅干しは実家で漬けたものを。人数が多いときは、かまどで炊きあげたごはん。仙台麩とは小麦粉のタンパク質・グルテンを植物油で揚げた油麩

小屋には冷蔵庫がない。

「夏は気温12度のところに置いておくの。食材も無駄がでないように、お客さんの人数に合わせて用意しておくし」。小さい小屋に冷蔵庫を置くとかえって不経済だからと、いつも必要なぶんだけを荷上げしている。ただ、「突然キャンセルになったときは、野菜の行き場に右往左往する」と少し困惑顔。予約をしたとはいえ、登山者としては天気がわるければ、山に登るのはあきらめてしまうのだが……。

とろろいもをおろし金ですりおろし、味付けに、そばつゆ（自家製）、酢、その次に砂糖が入った。とろろに砂糖？「酢を入れたから、甘みで調和させるの」。なるほど。でも、これが秘密の味つけなのだろうか、と考えているところへ、「これは企業秘密ね。書いちゃだめだよ」と、いつのまに用意したのか、おろし金ですりおろしていたものは……。

味見してみる？と差し出されたスプーンをなめてみると、ふっと、秘密の香りが鼻からぬけていく。甘みと酸味がほどよく合わさったとろろは、ほろ苦い大人の味。これはけっこう気づくひともいるのでは？「でも反応のないひともいるの。つまらないよねえ」とは、まるで主婦の口調である。

只木さんの、大胆かつユニークな発想が味付けの山小屋ごはん。秘密の味を味わいたいひとは、いざ、丸川峠へ。

夕飯は材料をやりくりした心づくしのおいしい料理が並ぶ

丸川荘
TEL　090・3243・8240
宿泊料金　1泊2食つき7000円　素泊まり4300円
営業期間　通年（12〜4月は土・休日のみ営業。平日は応相談）
アクセス　JR中央本線塩山駅から甲州市民バス（運行は山梨交通）で約30分。大菩薩峠登山口下車、徒歩約2時間30分。

がつがつ歩くぞ。エキスパートな「山小屋ごはん」

名峰・剱岳を見上げる、雲の上の山小屋ごはん。
はっきりいって、ちょっとやそっとでは行けません。
でも、いつかはきっと……。

剱沢雪渓と剱岳を望む

北アルプス　剱岳・仙人池

仙人池ヒュッテの夕食

「山の上のおかあちゃん」に会いに
みんなが集う雲上の山小屋。
夕食の一品には、思いやりも添えて。

長い時間かけて歩いたあとはお腹がぺこぺこ。全部ぺろっと平らげて、ご飯もおかわり！

初めて仙人池《せんにんいけ》ヒュッテを訪れたのは、3年前の夏の終わりだった。

こう書くと、なんだか簡単にたどり着いてしまったようだが、実際のところ、仙人池への道程は長い。剱《つるぎ》沢の雪渓歩きで肝を冷やし、仙人峠への急な登りにあえいで、ようやく仙人池ヒュッテの入口に立ったのだった。

そして再び、仙人池ヒュッテにやってきた。前回と違うのは、尾根筋の木々がすっかり色づき、剱岳が昨日の雪で白く輝いている。おまけに紅葉真っ盛りのこの時期は、「裏剱の紅葉」見物客で山小屋はにぎわっていたけれど、「お疲れ、お疲れ。早く入られー」。そう言って、笑顔で出迎えてくれる山小屋主人の志鷹静代《したかしずよ》さんは、以前と変わらずに元気だった。「なあに、もうすっかり梅干しばあちゃんよ。この小屋といっしょ」。

たしかに、小さな山小屋は古くてガタもきているが、あたりの景色にすっかり溶けこんで馴じんでいる。

到着後、食堂のテーブルでお茶を飲んでいると、前来たときの記憶がよみがえってきた。

〝仙人池のおかあちゃん〟こと、志鷹静代さん

「あんたたち、風呂に入られ」「夜はなにが食べたい？」と、初めての客にも静代さんは話かけてくれるので、すっかりくつろいでしまったこと。夕食のエビと野菜の天ぷらが大きかったこと。こんにゃくの炒めたの、冷奴、酢の物などが、一品ずつ瀬戸物のお皿にきちんと盛られて、テーブルいっぱいに並んでいたこと。山小屋なのに、まるでお盆や正月に田舎のおばあちゃんちに来たような、そんな歓迎ぶりで、それがとてもうれしかったこと……。

入口からは、次々と到着する登山者を出迎える静代さんの声が聞こえてくる。みんな、山の上の「おかあちゃん」に会いにやってくる。

さて、登山者がほぼ到着したころ、静代さんの姿は調理場にあった。野菜を刻みながら、「新太《しんた》！　新太！」と大声で呼ぶと、若い男の子が現われた。

志鷹新太君、25歳。静代さんのお孫さんだった。昨年から山に入って、静代さんを手伝っているという。

「今日は、天ぷらにしよか。あとは、かぼちゃの煮たのもあるし……」

静代さんが夕飯の相談をすると、新太君はひとこと、「肉は？」。

新太君は「毎日肉でもいい」という無類の肉好き。お惣菜などでは物足りないの

豆腐を切り分ける新太君

だろう。おまけに、「山なのに、貝や刺し身が出てくるのが不思議」と、ごもっともなことを言ってくれる。すると、すかさず「肉男!」と言い返した静代さん。祖母も負けていない。

結局、新太君の肉案は却下され、予定どおりのメニューに納まった。さっそく調理場の白いボードには、夕食のメニューが書き込まれた。ちなみにこの日は、「エビ、ホタテの天ぷら、こぶメ、かぼちゃ、冷奴、きゅうりの酢の物」だった。

夕日が剱岳の向こうへと傾きだしたころ、いよいよ夕食作りが始まった。静代さんと新太君のほかに、スタッフは4人いる。それぞれ小屋の仕事を手伝っているが、調理に関しては静代さんと新太君のふたりで行なうようだ。

さらに、ふたりのなかでも担当分けがあって、大好きな肉や魚の焼き物と天ぷらやトンカツの揚げ物は新太君で、煮物や酢の物などは静代さんの担当。

仙人池ヒュッテの夕食は、メイン1品に副菜が4品の構成になっている。そのうち1品は必ず酢の物がつく。これは静代さんがずっと守ってきたこと。「山のなかでは野菜不足になる。酢の物は体にいいから」と考える静代さんの、思いやりの一品なのだ。

大量のきゅうりの薄切りを塩でもむと、静代さんは大人ひとりがすっぽりと入ってしまうような冷蔵庫を開けて、ごそごそとビニール袋を取り出した。

中身は昆布じめだった。きっちりと巻かれた昆布を広げると、薄ピンク色の刺身が出てきた。「これはカジキマグロ。あんた昆布じめ、好き？」。大好きです、と答えると、「富山名物だから、食べていって」。静代さんは、一枚一枚ていねいにカジキマグロを薄切りにしていく。

昆布じめは、新太君が言っていた「山のなかで海のもの」だけれど、昆布でしめているから、そのままで食べるより味もよくなる。下で巻いて山小屋で冷凍保存しておけば、日持ちもする。富山の郷土料理が、山小屋のささやかな食事に生かされているのだ。

いっぽう新太君は、担当の天ぷらにとりかかっていた。冷凍のエビを解凍しているあいだに計量カップを持ち出して、粉と水の分量を量っている。へえ、ちゃんと量るんだと感心すると、「トンカツのときは、これに玉子を入れるんだ」と教えてくれた。ほんとうに肉好きなのね。

「小皿並べてくれる？」

「新太！　わるいけど味噌入れて！」

「はーい、盛りつけてくだされよ」

静代さんの勢いのいい声が調理場に響き渡ると、夕食作りも佳境に入ってきたようだ。スタッフは料理を盛りつけた、お皿をテーブルに並べていく。

ようやく夕食の時間。お腹をすかせたクマのように食事を待ちわびていた宿泊客が席に着くと、「おかわりしてよ」「たくさん食べられ」と話しかける静代さんのやさしい声が、小さな食堂に響く。


翌日、部屋でくつろいでいると、新太君が掃除にやってきた。山小屋は楽しい？　さっそく尋ねてみると、「うーん」と言って顔をしかめて見せた。

「初めはどうなるかと思ったけど、今年はよーく動くようになった」

そう言って静代さんが目を細めていたのを思い出した。まだ25歳。けれど、この山小屋を長年守ってきた静代さんにとっては、頼もしい存在だろう。

そして北アルプスの最奥にある小さな山小屋の、ふたりの料理と年一回の再会を楽しみに訪れる登山者も、きっと静代さんの支えとなっているに違いない。

揚げたてアツアツを盛りつけます

山小屋で手作りの豆腐

富山地酒「よしのとも」ワンカップ

巨大冷蔵庫には、食材がぎっしり

裏剱と仙人池。おだやかな秋の一日が暮れればもうすぐ夕食の時間

仙人池ヒュッテ

ＴＥＬ　０９０・１６３２・９１２０

営業期間　７月上旬～10月中旬（要確認）

宿泊料金　１泊２食つき１万円　素泊まり７０００円

アクセス　関東方面からは、ＪＲ大糸線信濃大町駅からアルピコ交通バスで約40分、扇沢下車。扇沢から立山黒部アルペンルートで約１時間、室堂バスターミナル。関西方面からは、富山地方鉄道立山駅から立山黒部アルペンルートで約１時間、室堂バスターミナル。※いずれも乗り換え時間は含まず。

歩行時間　（モデルコース）行き＝計８時間40分　室堂バスターミナル（２時間30分）別山乗越（２時間）真砂沢（１時間30分）二股（２時間40分）仙人池ヒュッテ
帰り＝計８時間20分　仙人池ヒュッテ（１時間40分）二股（２時間）真砂沢（３時間）別山乗越（１時間40分）室堂バスターミナル

あとがき　文庫版によせて

山は街とは環境が違うので、調理をするのは大変だろうな、それぐらいの想像はできるのですが、どんな人が、どんなことを考えながら食事を作っているのかはわかりません。宿泊すれば、ごくあたりまえに食べている朝や夕食、軽食のメニューなどにも、山小屋の方々の想いがあるに違いない。食事を通して、いろんな話を聞いてみたい、実際に作っているところを見てみたい、そんな理由で生まれたのが『山小屋ごはん』です。

単行本『山小屋ごはん』を刊行してからもう10年近くが経ちました。10年の時が流れても、写真はまったく古びていないことに驚きます。まずい文章を読まずとも、おいしそうな写真があれば、それでよし。写真を眺めているだけでも、山小屋の雰囲気が伝わる本にしたかったのです。

写真を見ていると取材したときのことを思い出します。料理を作る山小屋の方々の手つきや佇まい、ぽつぽつとかわした会話、薄暗い調理場に並ぶ鍋ややかん、そしてにおい。
なかにはすでに鬼籍に入られた方や、山から下りてしまった方もいますが、この本の中では健在です。本を開いて、山小屋独特の雰囲気や料理を味わってもらえたら、山へ登ったことがない人も登ってみたいと思ってもらえたら、とてもうれしいです。

松本理恵

撮影＝齋藤圭吾（高峰温泉、みくりが池温泉、しらびそ小屋、大黒屋、陣馬山・清水茶屋、かげ信小屋、丸川荘）
寺澤太郎（鍋割山荘、鷲が峰ひゅって、青木鉱泉、嘉門次小屋、奥村茶屋）
田中まこと（横手山頂ヒュッテ、山楽荘、御在所山ノ家、黒百合ヒュッテ）
岡野朋之（徳澤園）
田渕睦深（高取山・清水茶屋）
星野秀樹（仙人池ヒュッテ）

写真協力＝新井和也、野川かさね、渡邉吉明

カバー写真＝しらびそ小屋の朝食　撮影＝齋藤圭吾
ブックデザイン＝岡 睦（mocha design）
取材・文＝松本理恵（山と溪谷社）
編集＝大武美緒子、大畑貴美子（山と溪谷社）

山小屋データに記載した料金は税込み価格、宿泊料金はとくに明記のない場合、税・サービス料込みの価格です。

登山の際には、しっかりとした装備が必要になります。110ページ以降の山小屋へ行く際は、登山経験者の同行が望ましいでしょう。とくに積雪期の登山は専門的な知識と経験が必要となります。掲載している山小屋の連絡先は営業期間外、不通となる場合がありますのでご注意ください。なお、山小屋の宿泊は予約が必要となります。

山小屋ごはん

二〇一七年十二月十五日　初版第一刷発行
二〇二二年三月五日　初版第三刷発行

発行人　川崎深雪
発行所　株式会社　山と溪谷社
郵便番号　一〇一―〇〇五一
東京都千代田区神田神保町一丁目一〇五番地
https://www.yamakei.co.jp/

■乱丁・落丁のお問合せ先
山と溪谷社自動応答サービス　電話〇三―六八三七―五〇一八
受付時間／十時～十二時、十三時～十七時三十分（土日、祝日を除く）
■内容に関するお問合せ先
山と溪谷社　電話〇三―六七四四―一九〇〇（代表）
■書店・取次様からのご注文先
山と溪谷社受注センター　電話〇四八―四五八―三四五五
ファクス〇四八―四二一―〇五一三
■書店・取次様からのご注文以外のお問合せ先　eigyo@yamakei.co.jp

フォーマット・デザイン　岡本一宣デザイン事務所
印刷・製本　大日本印刷株式会社
定価はカバーに表示してあります

Printed in Japan　ISBN978-4-635-04845-3

人と自然を考えるヤマケイ文庫

既刊

加藤則芳
森の聖者 自然保護の父 ジョン・ミューア
「アメリカの自然を救った男」の生涯をたどる

コリン・フレッチャー著／芦沢一洋訳
遊歩大全
1970年代の「バックパッカーのバイブル」を復刊

長尾三郎
サハラに死す
単独横断に挑み、消息を絶った上温湯隆の名作

本山賢司・細田 充・真木 隆
大人の男のこだわり野遊び術
型破りで正しい、個性派アウトドア教則本

小林泰彦
ヘビーデューティーの本
70年代に大ブームとなったライフスタイル図鑑

ケネス・ブラウワー著／芦沢高志訳
宇宙船とカヌー
交わることない父子の生き方からアメリカを描く

佐野三治
たった一人の生還
転覆したヨット「たか号」からの壮絶な生還の記録

既刊

小林泰彦
ほんもの探し旅
〝ほんもの〟を探したイラスト・ルポ四十二編

土屋智哉
ウルトラライトハイキング
シンプルで自然なハイキングスタイルを紹介

芦澤一洋
アウトドア・ものローグ
〝アウトドアの伝道師〟が語る自然と生きる心

高桑信一
タープの張り方 火の熾し方
愛用のモノや源流釣り、渓への思いを綴る

芦沢一洋
バックパッキング入門
日本に初めてバックパッキングを紹介した入門書

成瀬陽一
新編増補 俺は沢ヤだ！
沢ヤのバイブルがさらなる進化を遂げて復刊

宇江敏勝
山びとの記 木の国 果無山脈
奥深い熊野の山小屋から生まれた山の自叙伝